MÉNAGERIE POLITIQUE

S US PRESSE

LES ASSASSINATS

MAÇONNIQUES

PAR

LÉO TAXIL & PAUL VERDUN

La princesse de Lamballe. — Le R. P. Lefranc, supérieur des Eudistes. — Louis-Philippe Égalité. — Paul Iᵉʳ, czar de Russie. — Saint-Blamont et le général Quesnel. — Le duc de Bern. — William Morgan. — Les Carbonari de Marseille. — Le comte Rossi. — L'affaire Orsini. — Le maréchal Prim. — Garcia Moreno, président de la République de l'Équateur. — Léon Gambetta. — Le préfet Barrème. — L'affaire de la Banque d'Ancône, etc., etc.

Un volume in-12. — Prix : 3 fr. 50

ÉVREUX, IMPRIMERIE CHARLES HÉRISSEY

LÉO TAXIL

LA MÉNAGERIE
POLITIQUE

PARIS
NOUVELLE LIBRAIRIE PARISIENNE
ALBERT SAVINE, ÉDITEUR
12, rue des Pyramides 12

1890

AVANT-PROPOS

Depuis quelques années, des hommes, qui se disent très grands savants, ont entrepris de bouleverser la science des anciens naturalistes.

Jusqu'à présent, on avait admis, avec toutes les religions, que l'homme est un être absolument à part, dans le règne animal.

Les prétendus grands savants sont venus et ont dit :

— Il y a erreur !... L'homme n'est qu'un singe perfectionné.

De sorte que, grâce à ces novateurs, deux systèmes de classification sont maintenant en présence, dans lesquels la distance qui sépare l'homme de ses plus proches voisins zoologiques est estimée différemment.

D'après l'ancien système, l'homme forme un ordre à part, au-dessus et en dehors des êtres animés qui n'ont pas la raison et qu'on nomme plus particulièrement les animaux.

D'après le nouveau système, l'homme ne forme

qu'une famille dans l'ordre des primates; il est, tout
bêtement, le premier singe,

Au surplus, voici un aperçu des deux systèmes de
classification.

Premier Système.

Premier Ordre : l'Homme (homo sapiens, de Linné). —
Deuxième Ordre : les singes. — Troisième Ordre : les chauves-
souris. — Quatrième Ordre : les chiens, les ours. — Etc.

Second Système.

Premier Ordre : les Primates, se subdivisant en plusieurs
familles. 1ʳᵉ famille : l'homme. 2ᵉ famille : les singes supérieurs
ou anthropoïdes (gorille, chimpanzé, orang-outang et gibbon).
3ᵉ famille : les singes de l'ancien continent ou pithéciens (sem-
nopithèque, guenon, magot, cynocéphale). 4ᵉ famille : les singes
du nouveau continent ou cébiens (hurleur, atèle, sajou, ouistiti).
5ᵉ famille : les lémuriens maki, galéopithèque). — Deuxième
Ordre : les chéiroptères ou chauves-souris. — Troisième Ordre :
les carnassiers. 1ʳᵉ famille : les plantigrades. 2ᵉ famille : les
digitigrades. — Etc., etc.

De ces deux systèmes, quel est le bon ?

Les esprits attachés, comme nous, à la vieille
science, les gens qui croient au bon Dieu, à la création,
à tout ce qui est enseigné par la révélation et l'expé-
rience des siècles, qui sentent en eux une âme, qui
constatent l'existence intime de la conscience, de la
raison, et tous les signes de cette supériorité intellec-
tuelle et morale qui distingue l'homme, ceux-là

s'attachent tout naturellement au premier système, qui est à la fois chrétien et scientifique.

En examinant les classifications des naturalistes, ils remarquent que les lémuriens ou singes inférieurs constituent l'échelon intermédiaire, la forme de transition entre les singes ordinaires et les divers genres disséminés dans les ordres suivants ; que, dans la famille des anthropoïdes, le gibbon établit le passage aux pithéciens, et que, parmi les cébiens, quelques-uns jouent le même rôle à l'égard des lémuriens.

Ils disent :

— Vous voyez, il y a partout des formes intermédiaires. La zoologie est une chaîne où aucun maillon ne manque, et qui s'arrête tout à coup aux singes supérieurs. De ceux-ci à l'homme, il y a une brusque interruption, pas de transition douce, mais un véritable arrêt. L'homme est donc un être à part, le résultat d'une création spéciale, à part aussi ; et, depuis des milliers d'années que l'on fouille le fond des mers et les entrailles de la terre, sur sept mille et tant de formes d'êtres animés trouvées et reconstituées de toutes pièces, l'échelon intermédiaire du singe à l'homme manque obstinément à l'appel.

Les novateurs de la science athée sont donc réduits à des conjectures. Pour soutenir leur système, ils échafaudent des théories baroques sur des hypothèses où l'absurde le dispute au ridicule. Les uns supposent, comme ayant existé, cet introuvable échelon intermédiaire ; ils l'appellent « anthropopithèque » et le décrivent tel que leur folle imagination le leur représente. Les autres, sans fournir aucune preuve, émettent l'idée que Madagascar, Ceylan, les Célèbes, les Moluques et l'Australie sont les sommets émergeant encore d'un continent primitif, aujourd'hui disparu à la suite d'un cataclysme ; et alors, partant de ce que, sur les vestiges prétendus de ce continent, on trouve des marsupiaux (kanguroo, etc.), ils affirment que là a été englouti leur fameux type établissant la transition entre le singe et l'homme.

Et allez donc vérifier l'exactitude de leurs assertions !...

Or ça, puisque, avec le procédé des novateurs, il est si facile d'escamoter les difficultés d'une thèse insoutenable, nous allons, à notre tour, — histoire de nous amuser un peu, — suivre messieurs les athées sur le domaine de la fantaisie, et leur démontrer, à eux-mêmes, avec leurs propres arguments, que l'on peut imaginer un échelon intermédiaire, non seulement entre l'homme et le singe, mais encore entre l'homme et la chauve-souris, entre l'homme et le reptile, entre l'homme et les nombreux carnassiers, et même entre l'homme et les diverses espèces de poissons.

Pour cela, nous n'irons ni à Ceylan ni en Australie. Nous nous contenterons de rester en France et d'examiner les principaux types de la famille républicaine laquelle, aussi variée que bestiale, comprend un sous-genre : le franc-maçon.

Sur ce, franchissons les portes de la grande Ménagerie.

Accourez, matérialistes, socialistes, opportunistes et autres fumistes !... Prenez place à l'amphithéâtre. Vous allez voir défiler tous les échelons intermédiaires de l'homme à la bête.

Nous montons dans la chaire zoologique.

Attention !... La classe commence.

LE VAMPIRE

JULES FERRY

Nous allons, messieurs, aborder en premier lieu la description d'un mammifère intéressant, appartenant aux chéiroptèras, type de la famille des vampiridés, tribu des philostômes, le vampire de Foucharupt ou *philostomus foucharuptus*, dont l'aire d'habitat ordinaire est dans les Vosges.

Décrivons donc l'animal.

Il est d'un pelage roux noirâtre, avec deux énormes appendices pileux en forme de favoris, de chaque côté de la face. L'aspect général est hideux et repoussant, surtout étant donnée une fétidité spéciale de l'haleine, particulière à l'espèce. La main qui essaie de saisir l'animal éprouve une sensation visqueuse et garde longtemps une odeur horrible et pénétrante, qui se dégage de petites glandes, renfermant un liquide puant, situées de chaque côté du cou. La répugnance invincible qu'inspire le vampire est sa sauvegarde ; car l'animal est nuisible au plus haut degré ; mais, pour le détruire, il faut surmonter un trop fort dégoût, et l'on renonce vite à une telle besogne, qui serait pourtant une œuvre d'utilité publique.

Le vampire n'a pas de queue.

La face vaut la peine d'être examinée ; elle est une contrefaçon hideuse du visage humain. Une grande bouche édentée, fendue jusqu'aux oreilles, renferme une langue pointue en forme de dard ou de crochet ; les piqûres de ce dard ne sont pas mortelles, si on sait se défendre à temps. Au-dessus de la bouche, est un appendice nasal énorme, déjeté, difforme et hors de toutes proportions avec le reste de la face ; cet appendice, surmonté d'un diverticule, appelé feuille susnasale ovale, est creusé d'un entonnoir, et constitue en réalité l'arme la plus dangereuse de l'animal : c'est un gigantesque suçoir faisant ventouse et dont l'entonnoir communique avec l'arrière-gorge. Le vampire pique d'abord sa victime au moyen de cette sorte de dard que nous venons de décrire ; puis il applique son suçoir sur la plaie vive et aspire le sang, pendant que ses ailes agitent l'air, le saturant d'une odeur particulière sous l'influence de laquelle la victime s'endort.

Comme on le voit, le vampire de Foucharupt rappelle bien, au premier coup d'œil, l'espèce à laquelle il appartient.

C'est une chauve-souris colossale, gauche, avec on ne sait quoi d'embarrassé et de discordant dans la démarche et le vol : la démarche est tortueuse et oblique ; le vol, lourd et silencieux. Mal guidé par de mauvais yeux, l'animal recherche de préférence les ténèbres ; il aime l'obscurité, la lumière l'éblouit et le paralyse.

Le spécimen le plus monstrueux qui existe en France, se tient d'ordinaire à Paris ; on peut le voir dans les corridors obscurs du Palais-Bourbon. Parfois, il prend son vol vers les Vosges et

t.

regagne son aire de Foucharupt, où se trouve
toute sa famille; mais il n'y fait que de courtes
apparitions. Ses principaux congénères sont le
philostomus carolus-ferryus et le *philostomus
albertus-ferryus*. Un de ces vampires, le *bavierus-chauffourus*, a émigré depuis quelque temps
au Tonkin.

Toute cette engeance malfaisante est un véritable fléau pour l'humanité.

Le typo principal, celui du Palais-Bourbon, le
philostomus julius-ferryus, a déjà commis les
plus épouvantables méfaits. A Paris, pendant
le siège, il se nourrissait grassement, tandis que
les hommes, autour de lui, tombaient épuisés
par les privations. Il n'y a pas longtemps, pris
d'une rage de destruction, le vampire s'abattit
sur les couvents. Ensuite, il s'est attaqué à nos
soldats.

Les manœuvres de ce monstre sont curieuses
à observer. Le jour, il est invisible, accroché à
quelque corniche élevée ou à une des gouttières
de la cour intérieure du Palais-Bourbon. Mais,
dès que le soleil commence à descendre à l'horizon, ou dès que les affaires s'embrouillent,
pendant les orages politiques surtout, on sent
instinctivement planer dans l'air le vol lugubre

de l'animal ; son odeur nauséabonde se répand partout. Profitant de l'obscurité et du désarroi, il pique, mord et suce de côté et d'autre. Il ne se contente pas de se gorger de sang : il s'élance encore sur le budget national, y creuse rapidement une plaie, et là, ses ventouses appliquées sur le trésor public, ses ailes battant silencieusement pour endormir la vigilance de ses victimes, il aspire, jusqu'à se gaver, l'argent de l'impôt et de l'épargne. Puis, lorsqu'il est rassasié, il disparaît et va se cacher dans quelque grand immeuble parisien, pour y digérer en paix son crime.

On a essayé, maintes fois, de le saisir ; mais il évite toutes les embûches. Un homme, courageux et se croyant capable de surmonter jusqu'au bout ses répugnances, nommé Rouvier, essaie, en ce moment, de l'apprivoiser. Mais, comme l'animal ne respecte rien, le dompteur ne tardera pas à être dévoré ; ou bien, si notre homme en réchappe, ce sera pour demeurer pourri, toute sa vie durant, à la suite de cet impur contact.

Nous avons dit que l'un des congénères du monstre avait émigré au Tonkin. Ce qui prouve que le vampire de Foucharupt n'est pas un animal ordinaire et qu'il n'accomplit pas inconsciemment ses forfaits, c'est qu'il existe entre tout les individus de la famille une connivence facile à constater. C'est ainsi que le *philostomus julius-ferryus* manœuvre de façon à pousser nos soldats vers ces lointains rivages, où ils sont la proie du *bavierus-chauffourus* et des autres vampires vosgiens. Déjà, plus de trente mille hommes ont péri là-bas. D'où il résulte que les monstres de Foucharupt, en cinq ans à peine, ont sucé, à raison de six litres de sang par homme, environ cent quatre-vingt mille litres de sang français.

NOTICE BIOGRAPHIQUE COMPLÉMENTAIRE

Jules Ferry est, certainement, un des plus tristes sires qui aient appartenu au gouvernement de la troisième République.

C'est un Vosgien, mi-journaliste, mi-avocat. Il est né à Saint-Dié, le 5 avril 1832.

Inscrit au barreau de Paris dès 1851, il ne put réussir à s'y faire un nom; ses biographes complaisants disent « qu'il y marqua peu et n'obtint guère que des succès d'estime ». Voyant que la renommée ne venait pas, il eut l'idée de percer à l'aide du journalisme; mais là encore, il resta longtemps sans pouvoir se faire connaître ; ses articles, dans divers journaux, passaient absolument inaperçus. Enfin, en 1868, il sortit de l'obscurité, grâce à une brochure contre le préfet de la Seine. Cette brochure, par elle-même, était lourde et indigeste : elle attaquait le baron Haussmann, coupable, aux yeux des républicains, d'avoir fait dans Paris ces larges percées de boulevards et d'avenues, qui resteront l'honneur du préfet impérial. La brochure, donc, eût passé inaperçue, comme les autres productions littéraires de Jules Ferry, sans son titre qui en était la partie spirituelle ; elle s'appelait : *les Comptes fantastiques d'Haussmann*[1]. Ce titre, qui avait été trouvé non par Ferry, mais par un journaliste nommé Delprat, attira l'attention du public et créa la vogue du pamphlet. Dès lors, Jules Ferry fut connu. En 1869, il fut élu député à Paris, dans la 6ᵉ circonscription, contre MM. Guéroult et Cochin. L'année suivante, il publia, dans l'*Electeur*, un article intitulé *les Grandes Manœuvres Electorales*, qui lui valut une condamnation à douze mille francs d'amende... que, du reste, il ne paya jamais.

Jules Ferry était, cette fois, arrivé à son but : il était populaire, et cette popularité, acquise par des moyens dignes d'un bateleur, allait lui permettre, à la prochaine révolution, de se jucher aux honneurs De naissance obscure, sans la moindre fortune, vivant jusqu'alors en misérable bohème, il allait pouvoir enfin s'enrichir.

[1] Allusion aux *Contes fantastiques d'Hoffmann*, si connus.

Au 4 septembre, il fit partie du gouvernement dit de la Défense Nationale. Il était alors un des maîtres de la France, un de ceux qui ne virent dans nos désastres qu'une heureuse occasion de fonder la République. Mais les républicains, on le sait, ne s'accordent entre eux que dans l'opposition : unis quand il s'agit de s'emparer du pouvoir, ils se divisent dès que leur émeute générale a triomphé et s'insurgent aussitôt les uns contre les autres. C'est fatal : pour la plupart d'entre eux, gouverner, c'est dévaliser les contribuables; ils se querellent donc autour du gouvernement, comme les chiens autour d'un os à ronger.

La première insurrection de républicains contre républicains éclata le 31 octobre 1870, dans Paris assiégé. Les Félix Pyat et consorts, qui n'avaient pas eu leur part du gâteau, tentèrent un hardi coup de main contre l'Hôtel de Ville, où siégeaient les gouvernants ; pendant quelques heures, ils parurent même avoir réussi. Mais ils avaient affaire à des sacripants, aussi enragés qu'eux et peu disposés à lâcher leur proie. En cette circonstance, Jules Ferry fit preuve d'une poigne peu commune, et ce fut lui qui finalement eut le dessus.

Comme il avait sauvé ses collègues, ceux-ci, reconnaissants, lui conférèrent les fonctions de délégué à la préfecture de la Seine, ou, pour parler plus exactement, de maire de Paris.

Les Parisiens ont gardé un triste souvenir de cette lamentable époque. Ils accusent, non sans quelque raison, le gouvernement de la République de les avoir affamés pour énerver leur résistance et les conduire plus facilement à la capitulation. Le rationnement des vivres fut effectué dans un parfait désordre ; la spéculation s'en mêla ; les ministres, au lieu de donner l'exemple du dévouement, mangeaient du poulet et buvaient du champagne, pendant que le peuple se nourrissait d'un horrible pain fait de haricots et de paille et n'avait plus que l'eau fétide de la Seine pour se désaltérer. Les souffrances de la population furent telles, qu'aujourd'hui encore cet homme néfaste, qui présida au rationnement de la capitale, y est appelé du nom de « Ferry-Famine ». Au lendemain de la capitulation, on découvrit que des provisions encore abondantes avaient été cachées et que la résistance de Paris aurait pu se prolonger pendant quelques mois. A quel mobile Jules Ferry et ses complices de l'Hôtel de Ville obéirent-ils en affamant ainsi de parti pris une ville héroïque qui ne demandait qu'à se défendre ? C'est ce qu'on ne saura sans doute jamais.

Ce fut le département des Vosges qui élut Jules Ferry député à l'Assemblée nationale. Paris, on le pense bien, avait en trop grande horreur et exécration son maire affameur. Toutefois, notre homme ne se rendit point à Bordeaux, ni ensuite à Versailles, lorsque l'Assemblée se transporta dans cette dernière ville ; il demeura quand même dans la capitale, éprouvant une sorte de jouissance féroce à narguer les malheureux à qui il avait fait endurer la plus terrible faim.

Il fallut la Commune, — nouvelle insurrection républicaine sous la République, — pour décider l'entêté Vosgien à déguerpir.

Aujourd'hui, l'opinion publique est fixée sur la Commune : une poignée de scélérats et des milliers d'égarés. Ce peuple, qui avait tant souffert, se laissa exciter par quelques meneurs et se livra à tous les excès. Ce n'est pas dans le peuple que sont les vrais coupables, mais dans la bohème politique, dans la catégorie des révolutionnaires qui avaient été tenus à l'écart du pouvoir par leurs complices du 4 septembre et qui voulaient à leur tour s'emparer du gouvernement. Le peuple, lui, ce grand enfant ignorant, toujours crédule en face des charlatans qui ne visent qu'à l'exploiter et le compromettre, et, par contre, toujours défiant, sans savoir pourquoi, envers les hommes de bien et de bon sens qui l'aiment malgré ses écarts et ses fautes, le peuple, disons-nous, fut dévoyé et fit le mal inconsciemment. Il méritait une grande pitié. Jules Ferry fut au nombre des conseillers de M. Thiers, qui poussèrent avec le plus d'acharnement aux mesures d'une implacable répression.

Après l'entrée à Paris des troupes régulières, il fut réintégré à la préfecture de la Seine, qu'il dut quitter bientôt ; même après l'écrasement de l'insurrection parisienne, Ferry était impossible à l'administration de la capitale.

Son passage à l'Assemblée nationale fut marqué par des votes de sectaire forcené. Quand il fut question d'abroger les lois d'exil et de permettre à nos princes, dont deux s'étaient valeureusement battus (cachés sous l'incognito) pendant la guerre, de jouir en France des mêmes droits que les autres citoyens,

Jules Ferry s'y opposa. D'autre part, il vota pour les enterrements civils, contre l'érection de l'église du Sacré-Cœur, etc. En 1875, il prononça, à l'occasion de la loi sur la collation des grades universitaires, un grand discours contre les jésuites.

Depuis la dissolution de l'Assemblée nationale, il a toujours été réélu dans les Vosges, comme député, du moins, jusqu'aux élections générales de 1889.

Dans les dernières années de la présidence du maréchal de Mac-Mahon, on le vit se démener plus que jamais, franc-maçon fanatique, le cœur débordant toujours de haine contre la religion et ses ministres. Après la chute du ministère du 16 mai, composé de conservateurs qui furent victimes de leur manque d'énergie, Jules Ferry se distingua parmi les enragés de l'invalidation Aussi, quand le maréchal, lassé, énervé, dégoûté de la politique, donna sa démission pour ne pas signer la révocation de dix de ses anciens compagnons d'armes qui lui était demandée par son ministère (centre-gauche), le premier soin de M. Grévy, en prenant possession de la présidence, fut de confier un des plus importants portefeuilles, celui de l'instruction publique, à l'ancien affameur de Paris.

Qu'on le remarque bien, Jules Ferry, avant d'entrer dans la politique, était un mauvais avocat sans causes, comme il y en a tant. Jamais il n'exerça le professorat ; jamais il ne fit partie du corps enseignant ; jamais il ne fut membre d'un conseil académique : sa compétence au ministère de l'instruction publique était donc absolument nulle. Il devint ministre non

pour administrer, non pour rendre des services à son
pays, mais pour politiquer et désorganiser.

Tous ses actes furent dirigés contre l'Église. Par
l'article 7 d'une loi qu'il présenta en 1879, il prétendait interdire aux religieux, et en particulier aux
jésuites, le droit d'enseignement, non seulement dans
les écoles publiques, mais même dans les écoles
privées. L'article 7 fut adopté par la Chambre et
repoussé par le Sénat. Vexé de cet échec, Jules Ferry
inspira au président Grévy et aux ministres Cazot et
Lepère les fameux décrets du 29 mars 1880, qui
prononçaient, au mépris de tout droit, la dispersion
des religieux appartenant à des congrégations jusqu'alors acceptées par tous les gouvernements.

C'est la persécution qui commence.

M. de Freycinet, président du conseil au moment
des décrets, les applique aux jésuites, mais paraît
hésiter devant les autres ordres religieux. Heureusement pour la franc-maçonnerie et malheureusement pour la France, l'affameur de Paris est là : il
intrigue, oblige M. de Freycinet à se retirer et le
remplace à la présidence du conseil. Alors, il déchaîne
tous ses crocheteurs sur les couvents ; le domicile
des moines, gens inoffensifs et étrangers à la politique, est odieusement violé ; ces pauvres prêtres,
dont le seul crime est d'appartenir à une congréga-
tion, sont expulsés, jetés hors de chez eux, par
l'ordre du sinistre gredin, que les républicains eux-
mêmes appellent aujourd'hui, tant ils sont écœurés
de ses infamies : « le dernier des lâches ».

En 1881, Jules Ferry imagine la farce des Kroumirs pour avoir le prétexte de faire une expédition en Tunisie. Cette expédition cachait, on l'a dit depuis, du haut de la tribune de la Chambre, une opération financière. La France, en établissant son protectorat sur la Tunisie, relevait, de toute l'influence de son vaste crédit, les valeurs tunisiennes, qui, avant l'expédition, se vendaient au prix du vieux papier. Or, les filous de l'opportunisme, que le ministère avait mis dans la confidence, s'étaient emparés, presque pour rien, de toutes les valeurs qu'ils revendirent aux plus hauts cours, dès la signature du traité du Bardo. De là, l'origine de la rapide et scandaleuse fortune de quelques députés républicains auparavant sans le sou.

Mais voici que les radicaux poussent les hauts cris : ils se rebiffent. Clémenceau mène l'attaque à la Chambre, et le cabinet Ferry est par terre.

Cependant, notre sinistre personnage sait bientôt revenir sur l'eau. Le cabinet Gambetta, qui a succédé au sien, ne dure que dix semaines, miné par les manœuvres souterraines de tous les aigrefins de la Chambre, et tombe, le 26 janvier 1882, devant une coalition parlementaire. Jules Ferry revient au ministère, sous la présidence de M. de Freycinet. Il pousse à la laïcisation, il pousse à l'abrogation du Concordat, il pousse même à la suppression du nom de Dieu dans le serment judiciaire.

Après une nouvelle et courte disparition du ministère, il revient au pouvoir. Cette fois, il attache son nom à la déplorable aventure du Tonkin ; ce misérable, qui s'est donné l'infâme mission de désorgani-

sor toutes les forces vitales de la France, nous engage
dans une campagne ruineuse et sans gloire, dans une
guerre qui n'est pas une guerre, mais un épuisement
indéfini de notre flotte et de notre armée. Trente
mille familles, déjà, au moment où j'écris ces lignes,
sont en deuil par la faute de Ferry-Famine, par le
crime de Ferry-le-Tonkinois. Et de nouveau encore,
c'est une poignée de parents et d'amis de ce scélérat
qui s'enrichissent par le fait de cette aventure sans
issue, tandis que les contribuables se saignent aux
quatre veines pour alimenter le trésor public, qui est,
sous la République, un vrai tonneau des Danaïdes.

A la suite d'une série de mensonges dont le caractère flagrant est publiquement constaté, pris à falsifier
des dépêches (retraite de Lang-Son), écrasé sous
l'opprobre universel, Jules Ferry est encore renversé du pouvoir, et Grévy lui-même, qui n'est pourtant pas difficile dans le choix de ses ministres,
reconnaît qu'il ne peut le garder. Il s'effondre, pour-
suivi par l'anathème de toute la nation ; maudit par
toutes les mères, il est l'assassin de trente mille
vaillants Français, en première ligne desquels se
trouve le brave amiral Courbet.

Et voilà l'individu que, pendant longtemps, les républicains ont considéré comme leur meilleur homme
d'État !

Quand Grévy est arraché de l'Élysée par la colère
du peuple, qui découvre enfin les innombrables dila-
pidations commises par son gendre, Jules Ferry ose
poser sa candidature à la magistrature suprême de la
nation. Par bonheur pour la France, cette intrigue

échoue, et le tonkinois, abandonné de tous, reste seul avec son ignominie.

Il ne peut plus, dès lors, prendre la parole à la Chambre sans soulever une véritable tempête. Les élections générales du 22 septembre 1889 arrivent, et, pour la première fois, ce forban politique est battu dans la circonscription qu'il s'était habitué à considérer comme son fief. Saint-Dié le rejette. Le commandant Picot est élu par 6,388 voix contre 6,192 qu'obtient le Ferry; et le voilà mis à l'écart enfin par le suffrage universel.

Aujourd'hui, il intrigue encore. Ses complices rougissent de lui, mais ne désespèrent pas de le revoir au gouvernement. Le tonkinois nourrit toujours sa vieille haine contre la religion et ses ministres; il veut, avant de mourir, porter un dernier coup à l'Église. C'est pourquoi il compte sur la bande opportuniste pour s'insinuer dans une fonction quelconque ou obtenir un siège au Sénat. Espérons que, le cas échéant, le suffrage restreint, à son tour, repousserait le sinistre pantin.

L'ANE

TIHARD

L'âne, dit Linné, est une espèce du genre
équidé, de la famille des solipèdes, de l'ordre
des pachydermes, de la classe des mammifères.
Il se distingue des autres équidés par des oreilles
très longues, une queue nue à son insertion et
terminée par une houppe de crins, uu pelage

généralement gris cendré, et qui présente constamment une ligne dorsale et une bande transversale formant une croix noire sur les épaules; cette croix semble un vestige ou un premier essai des bandes que nous observons chez les espèces zèbre, couagga, dauw, appartenant également au genre cheval.

L'espèce asine comporte plusieurs races : le roussin d'Arcadie, le baudet d'Espagne, l'âne suisse, etc.

L'individu que nous allons étudier appartient à cette dernière race; l'âne financier, *thesauricustos asinus tirardus,* est, en effet, originaire de Genève.

C'est un âne assez curieux. Il a de grandes oreilles, comme ses congénères; mais sa croix, au lieu de l'avoir dans le dos, il la porte sur le poitrail, à un endroit nommé « boutonnière ». En outre, cette croix ne lui est pas venue dès sa naissance : l'animal était déjà d'un âge avancé lorsque cette marque distinctive est apparue sur lui, dans une période dite de la décoration.

De Genève, l'*asinus tirardus* fut conduit en France, d'assez bonne heure; on l'attela à la voiture d'un bijoutier de Paris, et il fit ainsi partie d'une maison de commerce. Mais notre âne était appelé à de plus hautes destinées. Un dresseur d'animaux savants, messire Populo, entreprit de donner une renommée à cette bête, qu'il avait remarquée, et qui, alors, lui plaisait. Il entreprit de faire son éducation politique.

Il le mena dans les clubs, et sa façon de braire obtint fort longtemps un très grand succès auprès des Parisiens.

Le roussin se produisit ensuite au grand cirque de la Commune ; là, il ne donna qu'une seule représentation. Puis, il appartint successivement à l'hippodrome de Versailles, aux arènes du Palais-Bourbon et au cirque du Luxembourg.

Entre temps, il était exhibé aux foires ministérielles. Son exercice favori est de jongler avec des sacs d'écus. Son adresse n'a, pourtant, rien qui doive exciter l'admiration des spectateurs ; car, il lui est arrivé, une fois, dans une séance de jonglerie budgétaire, d'égarer un sac de cent millions.

Cet accident a beaucoup discrédité l'animal. On a compris, dès lors, que, loin d'être un âne savant, le roussin de Genève est un âne inférieur.

Contrairement à la plupart des baudets, l'âne financier est d'un caractère doux ; il ne rue pas et se laisse volontiers atteler au char de l'État. Très docile, il ne proteste pas non plus quand on le dételle, quand on le ramène à l'écurie sénatoriale, après qu'il a terminé son service ministériel.

Il n'a pas la méchanceté ni l'entêtement proverbial des ânes rouges. Il s'accommode assez aisément des nombreuses fantaisies de ses maîtres. L'essentiel pour lui est d'avoir du son assuré dans l'auge des inamovibles.

En somme, c'est un animal routinier, d'une intelligence médiocre, mais apte aux besognes vulgaires, et rendant des services, pourvu qu'on ne le sorte pas de sa sphère modeste.

Le tort qu'on a eu a été de le croire âne savant et de le produire comme une merveille dans les cirques politiques. S'il était resté attelé à la voiture de sa maison de commerce, au lieu d'être mis au char de l'État, il eût fait une excellente bête de somme.

***

NOTICE BIOGRAPHIQUE COMPLÉMENTAIRE

Depuis quelques années, le personnel politique, en France, se recrute, chez les républicains, pour une bonne part, parmi les étrangers. C'est ainsi que nous avons, pour veiller aux grands intérêts de la patrie, des Anglais, des Italiens, des Badois, des Portugais, des Suisses, des Belges, des Polonais, et même des Prussiens. Tirard, plusieurs fois président du conseil des ministres, est un Suisse.

Pierre-Emmanuel Tirard est né à Genève le 28 septembre 1827; et ce n'est point par accident qu'il a vu le jour sur le sol helvétique, c'est à Genève qu'il a été élevé, qu'il a fait ses études; il ne vint en France qu'à l'âge de dix-neuf ans.

Dès 1846, nous le voyons entrer dans une administration de l'État français, aux ponts et chaussées. Puis, il fut attaché à la direction des travaux de la navigation de la Seine, où il remplit les fonctions de chef de bureau jusqu'en 1851.

A cette époque, il donna sa démission et se mit dans le commerce. Le sang genevois qui coulait dans ses veines était un sang d'horloger; Tirard fit donc de l'horlogerie et de l'orfèvrerie. Mais, de même qu'il devait être plus tard un faux libéral, de même il ne travailla que dans « le toc »; il vendait de la bijouterie en faux.

Le commerce, on le sait, — c'est, du moins, Fourier qui l'a dit, — est l'art d'acheter trois francs ce qui en vaut six et de vendre six francs ce qui en vaut trois. Il faut croire qu'à ce point de vue Tirard fut un bon commerçant; car il fut bientôt coté parmi les malins du négoce parisien et élu, en 1868, membre du conseil des prud'hommes de la capitale.

On était alors au moment où l'Empire voyait se

lever contre lui toutes les factions républicaines. Tirard
s'enrôla parmi les radicaux, se mit à la suite de Bancel
et pérora dans les clubs. La révolution du 4 septembre
le nomma maire du IIe arrondissement.

Aux élections du 8 février 1871, pour l'Assemblée
Nationale, il fut élu représentant de la Seine, le trente-
huitième sur quarante-trois, par 78,...07 voix sur
328,070 votants. Ce n'était, certes, pas bien brillant ;
mais Tirard était homme à se contenter de ce petit
succès, si mince fût-il ; l'essentiel pour lui était d'avoir
un siège de député.

Il se rend donc à Bordeaux. Mais voilà l'insurrection du 18 mars qui éclate. Tirard rentre à Paris,
dressant les oreilles pour savoir d'où vient le vent.
Un moment, il pense que les révolutionnaires vont
l'emporter ; aussi s'empresse-t-il d'adhérer à la convocation des électeurs pour la constitution de la Commune ; il signe même l'affiche illégale qui appelait
les citoyens au scrutin. Cet empressement, cette flat-
terie à l'adresse des révolutionnaires lui vaut d'être
élu membre de la Commune par les électeurs du
IIe arrondissement. Tirard va siéger à l'Hôtel de Ville,
comme il était allé siéger à Bordeaux, cumulant les
deux mandats. Mais, dès la première séance de l'assemblée révolutionnaire, il se dit que ses collègues
sont mal organisés, incapables pour la plupart, et
que, très probablement, Versailles aura le dessus sur
Paris. Alors, en politique prudent, mais dénué de tout
scrupule, il plante là ses amis communards, tire sa
révérence aux électeurs parisiens qu'il avait lui-même
convoqués, et rentre à Versailles, avec la tranquillité

parfaite d'un monsieur qui n'a absolument rien à se
reprocher.

A l'Assemblée Nationale, il joua un rôle assez effacé.
Il siégeait à l'extrême gauche. Notons cependant qu'il
prit la parole dans une discussion sur la liberté de la
presse.

L'Assemblée de Versailles ayant prononcé sa dissolution, Tirard se présente, le 20 février 1876, à
Paris, dans le 1er arrondissement. Il n'avait pas à
redouter les reproches de ses anciens amis du 18 mars,
attendu que ceux-ci avaient été fusillés ou se trouvaient en villégiature à Nouméa. Il affronte donc les
réunions publiques et annonce que, de même qu'il a
lâché il y a cinq ans les communards de Paris pour
les extrême-gauchers de Versailles, de même il lâche
aujourd'hui l'extrême-gauche pour entrer dans la
gauche opportuniste : pas besoin de dire, n'est-ce pas,
que les électeurs de l'arrondissement dont il sollicitait
les suffrages étaient des républicains de la nuance
modérée.

Toutefois, son élection ne se fit pas sans difficulté :
sur 15,896 votants, il n'obtint que 6,411 voix au premier tour de scrutin, et il ne passa qu'au ballottage.

A la Chambre, il commença à se remuer, à intriguer,
à se mettre en évidence ; au fond de ce lâcheur il y
avait un ambitieux. Pourtant, il tâtonnait toujours,
ses résolutions n'étaient jamais bien arrêtées ; c'est
ainsi qu'en avril 1876, lors de la discussion du budget,
il demanda, par voie d'amendement, la suppression
de notre ambassadeur auprès du pape ; puis, au grand

ébahissement de ses collègues de la gauche, il retira
son amendement.

Lors du 16 mai, il fut un des 363 ; le 14 octobre vit
sa réélection. En 1881, nouvelle réélection. En 1879,
le chef de l'État lui avait confié pour la première fois
un portefeuille, celui de l'agriculture et du commerce.
Il se maintint au ministère sous la présidence de Jules
Ferry et ne quitta son maroquin qu'à la formation
du cabinet Gambetta. Le 31 janvier 1882, il rentrait
au ministère du commerce, dans la combinaison
Freycinet. Le 7 août de la même année, il passait
aux finances, sous la présidence de M. Duclerc ; il
garda ce portefeuille dans le cabinet Jules Ferry, jusqu'à la chute de ce ministère (31 mars 1885). Entre
temps, il avait su se faire élire sénateur inamovible
(23 juin 1883).

Parmi les actes de son administration, il convient
de signaler l'opération, qualifiée de malhonnête par
beaucoup, de la conversion de la rente de l'État de
5 pour 100 à 4 et demi pour 100 (18 avril 1883) et l'ouverture des scandaleux crédits du Tonkin. Le nom
de Tirard, ainsi que celui de Jules Ferry, est attaché
à cette funeste expédition.

Enfin, depuis que M. Sadi Carnot est président de
la République, le genevois Tirard a eu deux fois la
présidence du conseil des ministres, malgré son insuf-
fisante notoire (13 décembre 1887 et 23 février 1889).
On lui reproche d'avoir été le premier ministre des
finances qui ait dissimulé le déficit budgétaire ;
mais, d'autre part, beaucoup pensent qu'il y a eu,
chez M. Tirard, encore plus d'ignorance que de

dissimulation, et que ce financier de pacotille, dont une erreur de cent millions dans un budget est demeurée légendaire, n'a jamais su faire le calcul des recettes toujours en diminution comparées aux dépenses toujours croissantes.

Tirard a, aux yeux de Sadi Carnot et des républicains, une qualité : il déteste cordialement le général Boulanger. Cette haine est sa seule raison d'être au pouvoir ; car tout le monde est fixé sur sa nullité absolue, et ses amis eux-mêmes l'appellent « le roi des gaffeurs ».

En somme, cet horloger genevois, qui ne sait guère utiliser un *balancier* que pour se tenir d'aplomb sur la corde raide de la politique, a toujours fait *montre* d'une très grande incapacité. Il s'entendra toujours beaucoup mieux à faire *huit trous* au budget qu'à payer *rubis* sur l'ongle. Tous les *ressorts* de sa piètre imagination se tendent et se détendent tour à tour, dans le seul but de trouver l'*heure* exacte pour commettre une bêtise ; et sa fuite précipitée de l'assemblée communaliste, au lendemain de son élection en 1871, prouve que ce pauvre bijoutier est un homme politique *en toc*, et surtout à *échappement*.

LE BOUSIER

CONSTANS

Parmi les animaux invertébrés, dans la classe des insectes et l'ordre des coléoptères, existe un genre de la famille des lamellicornes, le genre scarabée, auquel se rattache un sous-genre très curieux à étudier; nous voulons parler du bousier. Le sous-genre bousier comprend à son tour une centaine d'espèces, qui toutes vivent dans les excréments, — de là vient leur nom, — et qui comptent un individu, de mœurs bizarres, dont nous allons nous occuper, le bousier à trois-points ou *scarabœus constans vidanginus,* lequel, bien que français se rapproche assez du bousier espagnol.

Cet individu est d'origine languedocienne. Quoique pondu dans l'Hérault, il vécut d'abord à l'état de larve sur les bords de la Garonne. Contrairement aux autres bousiers, dont les larves s'enfoncent dans la terre, il réussit à s'insinuer dans un barreau, et là se fit une coque ovoïde, tapissée de soie à l'intérieur. Il comptait sans doute opérer tout doucement sa métamorphose et passer du barreau au parquet ; mais un autre lamellicorne, du genre dénommé procureur, creva sa coque, et notre larve n'eut que le temps, pour ne pas subir un écrasement complet, de filer clopin-clopant au pays des castagnettes. Ce fut en cette région que l'insecte se révéla bousier, dans toute la splendeur de sa belle nature vidangeuse.

La plupart des bousiers sont d'un noir luisant, cependant, on en voit de bruns avec des reflets cuivreux. Le bousier à trois-points est brun ; mais il a grisonné en prenant de l'âge. Tandis que les individus des espèces voisines sont à peine de la grosseur du hanneton, lui, il est parvenu à une bien plus grande taille. Ses deux pattes antérieures sont armées de petites scies, avec lesquelles l'animal coupe la matière immonde dont il fait ses délices ; en cela il ressemble assez au scarabée des Egyptiens, l'ateu sacré. Ses palpes labiales sont courtes et velues ; les maxillaires sont plus longues et filiformes. Ses mandibules sont d'une très grande puissance ; le bousier à trois-points, qui est essentiellement insecte mâcheur, peut broyer les substances les plus dures ; il dévore même les métaux, mais s'attaque de préférence à ceux qui sont précieux, tels que l'argent et surtout l'or. Du reste, il a un appétit extraordinaire, au point d'absorber dans une journée des milliers d'insectes plus faibles que lui, et principalement les petits coléoptères du groupe des contribuables.

On sait que les savants sont très divisés sur la question de savoir de quel sens les antennes des insectes sont l'organe. Pour le *scarabæus constans vidanginus*, il ne peut y avoir d'erreur ; ses antennes sont évidemment chez lui l'organe de l'odorat. En effet, on a remarqué qu'il les dresse et les gonfle comme pour aspirer des émanations suaves, lorsque le vent lui apporte l'odeur d'une bonne affaire. Alors, l'insecte soulève ses élytres (cuirasses protectrices de ses ailes), développe ses grandes ailes transparentes, et vole vers la bonne affaire en question.

Il ne dédaigne rien, paraît-t-il, et les tinettes financières les plus répugnantes sont celles qui l'attirent davantage. On cite une circonstance où il dévora un énorme saucisson, déposé à l'écart par un charcutier nommé Baratte, et ce saucisson ne valait pas moins de dix mille francs.

Les naturalistes ont noté, chez le bousier commun de France, l'existence d'une grande corne frontale, pareille à celle des licornes. Le bousier languedocien est donc armé de cette grande corne, à l'instar de ses congénères; elle lui sert à percer les fosses mobiles où il sent que sont entassées les richesses qu'il convoite. Au surplus, cet insecte a le vol très soutenu, et il passe d'une contrée à une autre avec la plus grande facilité. Il vole en Espagne, il vole en France, il vole en Cochinchine, il vole au Tonkin, il revient voler en France, et il ne demande, assure-t-on, qu'à aller bientôt voler en Algérie.

Dans un élan de lyrisme, Michelet, l'admira-

teur des insectes, a écrit à propos de ce scarabée : « Le bousier, qui fait disparaître la fiente,
en récompense de ce service, est habillé de saphir. » Le *scarabæus constans vidanginus* n'est
pas habillé de saphir, non certes : mais il a pensé,
un beau jour, qu'un vêtement de pierreries lui
irait à merveille ; et c'est pourquoi il subtilisa,
pour en orner son thorax, la ceinture de diamants
d'un certain roi annamite, connu sous le nom de
Norodom.

Enfin, ce qui caractérise encore l'insecte dont
nous étudions ici la nature et les mœurs, c'est
son opiniâtreté dans la lutte pour la vie. Non
seulement il a l'instinct de la conservation très
développé, mais même il a, pour vivre aux
dépens des autres, l'instinct de la destruction de
quiconque le gêne, et les zoologistes politiques
lui attribuent de nombreuses victimes. A ce jeu,
il est, dit-on, à lui tout seul, plus fort que trente-
six bêtes.

Restons-en sur ce mot, et souhaitons que ce
malfaisant coléoptère, qui consomme volontiers
le liquide et aime davantage encore le solide,
débarrasse au plus tôt, à tout jamais, notre pays
de sa présence.

NOTICE BIOGRAPHIQUE COMPLÉMENTAIRE

M. Ernest Constans est né le 3 mai 1839, à Béziers (Hérault). Ses parents le rêvaient avocat. Il étudia donc le droit et s'inscrivit au barreau de Toulouse.

Ses débuts furent déplorables. En 1861, à la suite d'une affaire Gravidon (excitation de mineures à la débauche), M. le procureur général Gastambide le fit rayer du tableau de l'ordre des avocats. M. Constans, pour éviter d'autres désagréments plus fâcheux, se réfugia en Espagne, à Barcelone. Sa carrière était brisée. Que devenir? Notre homme n'était pas gêné par les scrupules. Il prit le nom de don Ernesto Constans y Galtié et s'associa à un sieur Cousinet, soi-disant marchand de charbon anglais, que le tribunal de Barcelone condamna à huit mois de réclusion pour banqueroute frauduleuse.

M. Constans devint ensuite vidangeur. Un nommé Delpech, avec qui il se mit en rapports, avait inventé un système de pompes de vidange, qu'il s'agissait d'exploiter. M. Puig y Puig, capitaliste embarrassé de ses capitaux, sans doute, mais, à coup sûr, homme sans méfiance, commandita le réfugié vidangeur et lui fournit une première mise de fonds de 150,000 fr., puis 25,000 autres francs. Le tout fut absorbé en l'espace de cinq mois. Un arrangement intervint entre M. Constans et son commanditaire. On liquida la maison, qui avait pour enseigne (je cite textuellement) : « BOMBA LOCOMOBIL *para estraer la immundicia de las latrinas, sistema Delpech ; don Ernesto Constans, concesionario del privilegio en España* ». Ceci se passait vers la fin de décembre 1863 et en janvier 1864. Dès lors, M. Puig y Puig, qui ne pouvait se consoler de la disparition de ses 175,000 francs, poursuivit M. Constans de ses réclamations, l'accusant même de lui avoir dérobé de l'argent dans son coffre-fort à l'aide de fausses clefs. L'ex-avocat languedocien continua à vivoter à l'étranger, pendant sept ans, toujours en butte aux accusations de son ancien commanditaire. A la fin, en 1871, M. Puig y Puig disparut un beau matin, assassiné par un meurtrier demeuré jusqu'à présent inconnu. A cette même époque, M. Constans rentrait en France.

Les détails qui précèdent (sur l'affaire Puig y Puig) ont été rapportés en 1880 par le journal *le Triboulet*, M. Constans intenta un procès au journal, mais refusa de laisser faire la preuve des accusations portées contre lui. Le *Triboulet* fut condamné. — Nous reproduisons tout ceci sans parti pris. Libre à chacun de tirer de cette aventure les conclusions qu'il voudra. — Depuis, M. Constans a laissé publier de nouveau ces accusations sans protester ; et nous lui donnons acte de sa seconde attitude.

Bref, en 1871, M. Constans rentre en France. Il s'établit à Douai et se consacre à l'enseignement du droit. De Douai il va à Dijon ; puis, il regagne Toulouse, où ses accidents de jeunesse étaient oubliés. Il réussit à se faire élire conseiller municipal. En 1876, aux élections de février, il brigue la députation et passe au scrutin de ballottage.

A la Chambre, il s'inscrivit au groupe opportuniste vota constamment avec la majorité, et fut un des 363. Réélu le 14 octobre 1877, après la dissolution, il fut nommé sous-secrétaire d'État au ministère de l'intérieur et des cultes dans le cabinet de Freycinet (27 décembre 1879). Lors de la retraite de M. Lepère, il fut mis à la tête de ce ministère (17 mai 1880). Dans ces fonctions, il exécuta, avec un zèle tout à fait maçonnique, les décrets contre les congrégations religieuses. Il les appliqua d'abord contre les jésuites (30 juin) ; puis, lors de la crise ministérielle qui amena la retraite de M. de Freycinet, il reprit le portefeuille de l'intérieur et des cultes dans le cabinet reconstitué sous la présidence de M. Jules Ferry (23 septembre 1880), et il dispersa les autres congrégations.

Aux élections générales de 1881, il fut élu à la fois à Toulouse et à Bagnères (Hautes-Pyrénées) ; il opta pour la première de ces circonscriptions. Le 10 novembre de la même année, il donna sa démission de ministre de l'intérieur avec les autres membres du cabinet Ferry. En 1885, aux élections législatives, il fut réélu dans la Haute-Garonne, mais ce ne fut pas sans difficulté. La liste républicaine dont il faisait partie ne passa qu'au ballottage, et même deux conservateurs furent élus au premier tour de scrutin.

M. Constans est un des hommes qui, ayant occupé le pouvoir, sont accusés d'avoir trafiqué de leur influence. Ainsi que Wilson, il a été appelé « vendeur de décorations ». Du reste, tout lui a été bon. Lors d'un procès correctionnel jugé à Nancy, il a été nettement convaincu d'avoir touché, en 1883, d'une société de financiers véreux, une somme de dix mille francs (affaire Baratte) ; il est vrai que, sommé de s'expliquer à ce sujet à la tribune en 1889, il déclara n'avoir jamais reçu qu'un saucisson de Lyon ; mais on lui montra le chèque de 10,000 francs, dont il avait encaissé le montant.

A l'Assemblée législative de 1885, il brilla peu et prit de longs congés ; c'est ainsi qu'il fut nommé gouverneur de l'Indo-Chine. A ce poste, il commit mille et mille exactions. Il protégea les tripots, rétablit un certain jeu dit Jeu des Trente-six-Bêtes, que les gouverneurs précédents avaient supprimé comme par trop démoralisateur: Rappelé en France à la suite de nombreuses plaintes, il vit son successeur, M. Richaud porter contre lui les plus graves accusations. Celui-ci fit au chef de l'État un rapport représentant M. Constans comme ayant tout vendu en Indo-Chine, places, privilèges, décorations, sans compter les vols au préjudice du Trésor public. Malheureusement pour M. Richaud, au moment où il venait d'adresser son rapport, le cabinet, qui devait le recevoir, tomba (23 février 1889), et M. Constans fit partie du nouveau ministère. L'ex-vidangeur obtint la révocation de son dénonciateur, et M. Richaud mourut, subitement, comme un vulgaire Puig y Puig, à bord du paquebot qui le ramenait à la métropole. M. Constans était accusé, par son successeur, de toutes les scélératesses possibles, même d'avoir dépouillé de vive force un des petits rois annamites, Norodom, d'une ceinture de pierreries valant un million.

En résumé, M. Constans est généralement méprisé,

jusque dans le parti républicain. Il n'y a guère que les francs-maçons qui le tiennent en haute estime; ils l'ont nommé membre du conseil de l'ordre au Grand Orient de France. Et c'est en sa qualité de politicien dénué de tout scrupule qu'il a été replacé au ministère de l'intérieur dans le cabinet Tirard, lorsque les républicains se sont affolés en voyant monter, monter toujours la marée revisionniste.

Il fallait, en effet, un politicien de sa trempe pour sauver la République compromise. Constans n'a reculé devant rien, a organisé dans tout le pays la candidature officielle de la façon la plus scandaleuse, a ordonné à ses préfets, sous menace de destitution, les tricheries les plus cyniques dans le recensement des scrutins; le vote a été falsifié partout où cela a été possible, et c'est ainsi que les républicains ont pu, au moyen de mille fraudes, conserver une majorité factice de quelques voix. Constans lui-même n'a pu être réélu à Toulouse qu'au scrutin de ballottage, par 8,400 voix contre 6,894 à M. de Susini, candidat revisionniste. Aussi, depuis ces élections qui resteront légendaires, les opportunistes et les radicaux disent entre eux, avec une sorte d'admiration :

« — Ce Constans, quelle canaille !... Ah ! il a bien mérité de la République, certes ; sans lui, nous étions absolument fichus ! »

L'OIE

FLOQUET

Quel est donc cet animal grotesque à l'allure si fière, à la démarche si grave et si solennelle?... Grands dieux! comme il paraît gonflé de son importance!... Il tient à la fois du canard et du cygne; mais il n'a ni la grâce du cygne ni le sans-façon du canard... Tout en lui respire

l'orgueilleuse bêtise... C'est l'oie, l'oie stupide et
pleine de vanité, c'est l'*anser floquetus superbus*,
c'est le jars de Pologne, le volatile le plus
arrogant de la basse-cour parlementaire.

Cet oiseau palmipède et lamellirostre, c'est-à-
dire à pieds palmés et à bec garni de lames
transversales, espèces de dents, doit aux classi-
ficateurs modernes la place réelle qu'il a droit
d'occuper dans la zoologie. Longtemps on l'a
confondu avec le canard et le cygne, dont il se
distingue cependant par certaines particularités.
Et, parmi les oies, l'*anser floquetus* mérite encore
une mention à part. On cite des oies qui ont
sauvé le Capitole; tel ne sera jamais le cas du
jars de Pologne.

On appelle *jars* l'oie mâle. Le jars de Pologne
est plus bête, à lui seul, que toutes les oies connues et à connaître; mais il n'est pas Polonais
le moins du monde. Il est originaire des Pyré-
nées; et, si on le qualifie communément d'oie
de Pologne, c'est à raison de son antipathie très
marquée pour la Russie.

Dans ses premières années, l'*anser floquetus*
se signalait par un caractère farouche. Il recher-
chait les terrains bas et humides des vallées
révolutionnaires, ne se rendait que le soir au

bord de la mare de la conspiration, où il plongeait sitôt qu'il apercevait dans le lointain la silhouette d'un agent de police.

Puis, peu à peu, le volatile s'enhardit. On raconte qu'un jour le czar de toutes les Russies vint à passer auprès du marécage judiciaire où notre animal prenait ses ébats. Sans aucun motif raisonnable, le jars grotesque et vaniteux s'avança, le cou tendu, le bec béant, la respiration sifflante, et poussa un cri guttural et métallique qui ne rimait à rien du tout; après quoi, convaincu qu'il avait accompli un trait d'héroïsme, il s'envola avec de bruyants battements d'ailes.

Depuis lors, ces instincts farouches se sont quelque peu atténués; l'animal s'est domestiqué. Mais il ne vaut guère mieux qu'à l'époque où il vivait à l'état sauvage.

En effet, notre volatile a passé du marécage judiciaire à la basse-cour du Parlement. Là, il s'est soumis avec complaisance à un régime d'engraissement méthodique, très en faveur chez les oies. Le système particulier employé pour le jars de Pologne se nomme l'engraissement législatif. L'opération dure, en général, quatre ans. Il y a d'abord une période préparatoire, dont le mini-

mum est de vingt jours, dite période électorale.
Elle commence d'ordinaire en août et se termine
dans la première quinzaine d'octobre : pendant
environ deux mois, l'animal absorbe une quantité formidable de blé noir des programmes, de
maïs des professions de foi et de son des discours bonimentaires ou bonimenteurs; il est à
remarquer que les éléments de cette nourriture
sont de qualité radicale, mais inférieure comme
valeur. Après quoi, durant près de quatre années,
l'oie s'engraisse au Palais-Bourbon, variant ses
promenades entre la présidence et le ministère.
Grâce à l'entonnoir des commissions, elle se
gave d'orge budgétaire, de lait-caillé financier et
de pommes de terre bouillies au pot-de-vin tunisien, sans compter l'avoine dite des contribuables; en fait de boisson, l'animal prend, par
grands verres, l'eau sucrée de la tribune. Enfin,
pour digérer, notre oie se tient très fréquemment
dans la demi-obscurité des loges maçonniques.
Avec ce régime spécial, le jars de Pologne a
acquis un énorme embonpoint.

Ajoutons qu'il nourrit ses petits au baquet des
fonds secrets.

Pour conclure, rappelons que l'*anser floquetus
superbus* est, parmi les volatiles de la basse-cour

parlementaire, un de ceux qui sont doués de la loquacité la plus bruyante. On ne saurait trop répéter, en outre, que son caractère distinctif est une bêtise incommensurable, n'ayant d'égale que sa vanité hors ligne. L'oie est, au moins, aussi orgueilleuse que le paon, dont elle n'a certes pas la beauté.

NOTICE BIOGRAPHIQUE COMPLÉMENTAIRE

Charles-Thomas Floquet est né à Saint-Jean-Pied-de-Port (Basses-Pyrénées), le 20 octobre 1828. Ses études ont été faites à Paris, au collège Saint-Louis; puis, il fut élève de l'école d'administration (1848).

En 1851, il se fit inscrire au barreau de la capitale et plaida dès lors un grand nombre de procès politiques, affaires de l'Hippodrome, de l'Opéra-Comique, etc.

Il collabora à plusieurs organes de l'opposition républicaine, notamment au *Temps*, au *Siècle* et au *Courrier de Paris*, tout en faisant une correspondance à un journal allemand, l'*Europe*, de Francfort.

Compromis avec Hérold, Dréo, Jules Ferry et autres dans le procès des Treize, il eut une légère condamnation. Cette condamnation à l'amende en fit une victime aux yeux des badauds de la démagogie, et voilà notre Floquet candidat. En 1864, il se porta, sans succès, dans la Côte-d'Or et dans l'Hérault; nouveau blackboulage, en 1869, dans ce dernier département.

En 1867, lors de l'Exposition, plusieurs souverains s'étaient rendus à Paris. De ce nombre était le czar de Russie. Tandis que ce monarque visitait le Palais de Justice et que la foule des avocats se pressait sur son passage, acclamant en lui l'hôte et l'ami de la France, une voix grossière s'éleva d'un groupe pour pousser ce cri impertinent et inepte : « Vive la Pologne, monsieur! » Cette voix était celle du prétentieux Floquet. Le czar dédaigna l'insulte, elle était partie de trop bas.

Lors du procès du prince Pierre Bonaparte, traduit devant la Haute Cour de justice à Tours pour le meurtre de Victor Noir, Floquet fut, avec Clément Laurier, le défenseur des intérêts de la famille Salmon. Il plaida également, pour Cournet, dans l'affaire du complot de 1870, devant la Haute Cour de Blois, et réussit à faire acquitter son client.

Au 4 septembre, il fut nommé adjoint au maire de Paris. Ayant pactisé au 31 octobre avec les révolutionnaires qui déjà voulaient installer une Commune à l'Hôtel de Ville, il fut obligé de se retirer du gouvernement.

Lors des élections du 8 février 1871, il obtint, dans le département de la Seine, 93,579 voix sur 328,970 votants et passa au ballottage, grâce à la multiplicité des listes.

Voilà enfin Floquet député. Il se rend à Bordeaux.

Alors, la France, vaincue, était épuisée: nous n'avions aucun allié en Europe. Le czar de Russie, dont le secours nous eût été des plus utiles, s'était souvenu peut-être, en voyant les destinées de notre patrie aux mains des Floquet et consorts, de l'outrage de 1867. L'avocat-député, malgré notre isolement et malgré l'épuisement des forces nationales, vota, avec la minorité républicaine, la continuation de la guerre.

A Versailles, il témoigna au sein de l'Assemblée ses sympathies pour la Commune et donna sa démission. Ses agissements lui valurent, en mai, son arrestation à Biarritz; conduit à la prison du château de Pau, il y resta environ trois mois; grâce à l'intervention de ceux de ses anciens collègues de la Défense nationale que M. Thiers avait conservés au pouvoir, l'affaire n'eut pas de suites.

Le 29 avril 1872, il fut élu, dans le XI° arrondissement, conseiller municipal de Paris. Réélu en 1874, il présida le conseil en 1875.

Après la dissolution de l'Assemblée nationale, il posa, le 20 janvier 1876, sa candidature au Sénat; mais il ne put réussir à se faire élire. Alors, il se retourna vers la Chambre et fut nommé député par l'arrondissement de Paris qu'il représentait au conseil municipal.

A la Chambre, il vota tantôt avec l'extrême-gauche, tantôt avec l'union républicaine. Après l'acte du 16 mai 1877, il fut un des 363 et réélu le 14 octobre. Dans les derniers jours de la crise qui suivit la démission du cabinet de Broglie-Fourtou, il fut un des membres du comité des dix-huit, qui, nommé par la

majorité républicaine, parvint à imposer ses volontés
au maréchal de Mac-Mahon. Il se montra, en outre,
au premier rang des invalideurs, et, notamment, fut
à la tête des aboyeurs de la gauche ameutés contre
l'élection de M. Paul de Cassagnac; le vaillant député
de Condom fut invalidé (7 octobre 1878), mais aussitôt réélu (2 février 1879); inutile de dire que, au
cours de ces débats, le citoyen Floquet fut rudement
étrillé par son éloquent et courageux adversaire.

Le 21 août 1881, Floquet eut son mandat de député
renouvelé par les électeurs du XIᵉ arrondissement de
Paris. Mais, un décret de M. Grévy l'ayant nommé
préfet de la Seine (5 janvier 1882) en remplacement
de M. Hérold décédé, il dut donner sa démission de
représentant du peuple. Son administration dura à
peine quelques mois : au lieu de soutenir le gouvernement contre les prétentions du conseil municipal
parisien, cet étrange préfet soutenait les révolutionnaires de l'édilité dans leurs revendications illégales;
à ce jeu, il ne pouvait conserver longtemps son poste.
Pour éviter une révocation imminente, il posa sa candidature dans les Pyrénées-Orientales, un siège à la
Chambre étant devenu libre sur ces entrefaites, et
redevint député. Il se fit inscrire alors au groupe de
la gauche radicale, qui tenait le milieu entre les
opportunistes et les intransigeants.

C'est à l'initiative du citoyen Floquet, proscripteur
enragé, que nous devons la loi inique de l'exil de nos
princes; dès janvier 1883, l'insulteur du czar avait
déposé une proposition tendant à expulser du sol
français tous les membres des familles qui ont régné

dans notre pays et en ont fait la gloire. Floquet fut aussi un des plus acharnés partisans de la violation de l'inamovibilité judiciaire. Au sujet du Tonkin, il combattit, pour la forme, la politique coloniale préconisée par Jules Ferry, dont il est l'oncle. Au fond, l'oncle et le neveu sont d'accord; on l'a bien vu quand celui-là parvint au ministère : l'oncle Floquet n'avait été que pour la galerie l'adversaire de tribune de son neveu; une comédie indigne avait été jouée; Floquet ministre continua sans vergogne l'œuvre néfaste de Jules Ferry.

Pendant la législature de la Chambre de 1881, Floquet fut l'un des vice-présidents de cette assemblée; et, dans sa dernière session, il remplaça à la présidence, le 8 avril 1885, M. Brisson qui avait été appelé à former un cabinet.

Aux élections d'octobre 1885, Floquet fut élu à la fois dans la Seine et dans les Pyrénées-Orientales; il opta pour ce dernier département. Il fut replacé et maintenu au fauteuil de la présidence.

Quand le beau-père de Wilson fut honteusement chassé de l'Elysée, le citoyen Floquet brigua, mais sans succès, les fonctions de premier magistrat de la République (3 décembre 1887). Il dut se contenter de la présidence du conseil des ministres que son concurrent heureux, M. Sadi Carnot, lui confia le 4 avril 1888, et qu'il garda jusqu'au 23 février 1889. Son passage au ministère a été marqué par un duel qu'il eut avec le général Boulanger (13 juillet 1888) et dans lequel il blessa son adversaire.

Lors du renouvellement de la Chambre en 1889, il

hésita longtemps sur le choix de la circonscription où il poserait sa candidature ; l'impopularité commençait déjà à l'atteindre. Enfin, il se décida pour la 1re circonscription du XIe arrondissement de Paris. Le 22 septembre, au premier tour de scrutin, il n'obtint que 4,330 voix sur plus de 9,000 votants. Il fut élu au ballotage, grâce au désistement du candidat socialiste-révolutionnaire en sa faveur, lequel lui apporta ainsi les voix qui lui manquaient, et il passa alors avec 5,284 suffrages contre 3,208 obtenus par son concurrent, M. Lucien Nicol, boulangiste.

Comme orateur, Floquet est le plus insupportable débiteur de phrases redondantes qu'il soit possible d'imaginer. D'une suffisance inouïe, il lance, avec emphase, des mots absolument vides de sens, comme cette apostrophe à Boulanger : « A votre âge, monsieur, Napoléon était mort », qui est demeurée légendaire. Les auditeurs s'amusent de ce tribun grotesque; mais lui, dans son infatuation sans égale, il s'admire et reste convaincu que Cicéron auprès de lui n'était qu'un endormeur.

LE MACAQUE

J. GRÉVY

Le macaque, *macacus*, genre de quadrumanes, de l'ordre des singes, groupe des catarrhinins, comprend des espèces particulières à l'ancien continent et intermédiaires par leurs formes et leurs habitudes aux guenons et aux cynocéphales.

Relevons d'abord une grosse erreur des zoologistes, qui prétendent que les deux espèces de macaques les plus septentrionales sont : à Gibraltar, d'un côté, où se trouve encore le *macacus speciosus;* et, d'un autre côté, à Yokohama (un peu plus au nord de Gibraltar), où l'on rencontre aussi quelques représentants disséminés du *macacus innuus*. Oui, c'est là une erreur manifeste ; car le macaque, à notre époque, est devenu beaucoup plus septentrional. Et la preuve, c'est qu': Paris même, dans un terrain vague appelé l'Elysée, a vécu en pleine liberté un superbe représentant de cette tribu simiesque, lequel y a élu domicile avec sa famille, y est demeuré neuf ans, puis s'est transporté de là dans la retraite marécageuse de l'avenue d'Iéna, toujours à Paris, où il a atteint déjà un âge avancé.

On ne s'explique pas que les naturalistes aient pu se tromper à ce point. En effet, le singe dont nous allons parler est si connu, que c'est par allusion à lui qu'on dit couramment : « un vieux macaque » ; l'expression est restée et est devenue populaire.

L'espèce française est le *macacus billardensis* ou *macacus grevyus;* c'est un singe d'assez grande taille et un peu différent de l'espèce vulgaire. La moyenne de l'ouverture de son angle facial est de 40 degrés. Son système dentaire est très développé. La tête, assez forte, présente, sur les orbites, un rebord élevé et échancré : le front est petit, malgré la calvitie ; les yeux sont très rapprochés ; les lèvres et la bouche, pourvues d'abajoues ; les oreilles velues, assez grandes, et appliquées contre la tête. Le corps de l'animal est trapu. Les bras, proportionnés aux jambes, sont robustes. Les mains sont pourvues de cinq doigts chacune, ainsi que les pieds ; les doigts de ces derniers, néanmoins, sont ratatinés les les uns sur les autres, et affligés d'une multitude de petites callosités dénommées « cors ».

Ce qui est le plus curieux chez le macaque, en général, c'est la queue ; cet appendice, qui est, d'ordinaire, le prolongement de l'épine dorsale, diffère de longueur, selon les espèces. Ainsi, le genre macaque se divise en trois sous-genres : le cercocèbe, le maimon et le magot. Or, l'appendice caudal, très long chez les premiers, se réduit chez le magot à un simple tubercule. Mais voici, par contre, une particularité commune aux trois sous-genres : longue ou courte, la queue des macaques n'est jamais prenante, et, en cela, elle ne ressemble pas à celle de tant d'autres singes.

Chez le macaque élyséen, *macacus billardensis*, c'est encore et surtout la queue qui offre des particularités distinctives. Par ses habitudes économes, rangées, l'animal se rapproche du sous-genre magot ; mais, par l'appendice caudal qui, chez lui, est d'un mètre quarante environ, il s'en éloigne tout à fait.

Bien plus, la queue du macaque élyséen est absolument extraordinaire : on peut dire, même, qu'elle est unique dans les annales de la zoologie. Au lieu d'être la continuation de l'épine dorsale, elle est complètement indépendante de l'animal. Cet appendice étrange n'est pas flexible ; ce n'est pas le moins du monde une queue prenante. Mais, d'autre part, elle est « poussante », si l'on peut s'exprimer ainsi : l'animal s'en sert, comme amusement, pour pousser des petits cailloux ronds qui s'entre-choquent sur un tapis vert ; pour cela, il la garnit de blanc à son extrémité. Le macaque élyséen paraît prendre un vif plaisir à ce jeu : ses yeux brillent, ses babines remuent avec toute l'expression de la joie la plus intense ; et il lui arrive de passer des journées entières à cette distraction bizarre.

Le *macacus billardensis* se caractérise encore
par une grande tendance à la sociabilité ; mais
il est un point sur lequel il est intraitable, il veut
toujours se placer à la tête de ses congénères.
Ainsi, dans la grande réunion des singes républicains, il s'oppose, de toutes ses forces, à ce
qu'un autre que lui préside ; il réclame, par des
groguements furieux, la suppression de la présidence, lorsqu'un autre la brigue ; mais il la
revendique pour lui, et finit par l'obtenir. Une
fois à la tête de ses camarades, il s'installe et
prétend s'éterniser à son poste ; il devient méfiant,
regarde de travers tout singe qui se permet de
faire des gentillesses aux autres ; il voit en lui
un animal malin qui veut lui prendre sa place ;
il en devient jaloux, rageur ; il se livre, sournoi-
sement, à toutes sortes de méchancetés mesquines
contre les singes qu'il suppose ses rivaux, et
l'on a toutes les peines du monde à le faire
déloger, lorsqu'il est devenu par trop gênant.

A l'époque où il s'était établi dans les terrains
vagues de l'Elysée, il se montra d'un naturel à
la fois entêté et pusillanime : il ne sortait guère
qu'entouré d'une forte escorte ; car il sentait bien
qu'au fond il n'était pas aimé des siens. Maintenant, réfugié dans sa retraite de l'avenue d'Iéna,

il vit, craintif, cherchant à se faire oublier, sortant peu et toujours incognito, regrettant les
3,333 francs de noix fraîches élyséennes qu'il
dévorait égoïstement chaque jour.

Un des autres traits saillants du caractère du
macaque élyséen, est sa manie de bâtir des huttes
un peu partout. Dès qu'il a ramassé quelques
pierres ou des fragments de bois, vite il contraint
ses congénères plus faibles que lui à construire
quelque chose, qu'il se réserve en toute propriété.
Quand l'ouvrage est terminé, il leur témoigne sa
satisfaction en leur distribuant quelques bouts de
rubans rouges, dont ces animaux sont très
friands ; mais c'est tout ce qu'il leur donne en
rémunération de leur travail. On cite même des
singes constructeurs qu'il envoya promener purement et simplement, ce qui ne fut pas de leur
goût ; comme le *macacus grevyus* était le chef
de tous les singes de l'endroit, les malheureux
n'osèrent pas réclamer. Cependant, à la fin,
quelques-uns se révoltèrent ; leurs réclamations
firent scandale, et c'est à la suite de ce scandale
que l'on chassa le macaque de sa résidence élyséenne.

Mais là ne s'arrête pas la manie de l'animal.
Ces huttes qu'il se fait construire, il ne les habite

pas. Il y place les autres singes ; et, plusieurs fois par an, d'une manière très régulière, il vient leur prendre les carottes que ceux-ci ont cultivées, et il s'en repaît avec délices. Si, par malheur, un des singes locataires n'a pas réussi à faire pousser des carottes dans son jardin, le macaque élyséen entre en fureur ; il se jette sur l'infortuné, l'expulse de la hutte, et s'empare de tout ce qu'il possède.

C'est, en somme, on le voit, un animal hargneux, grognon, peu sympathique. Il n'a, par exception, de tendresse que pour un palmipède, dont nous parlerons plus loin, le canard wilsonnien, *anas wilsonica.* Ce volatile, qu'il affectionne, a la spécialité de ramasser toutes les pommes cuites que les singes mécontents envoient au macaque élyséen : tous deux s'en nourrissent ; aussi, le macaque et son ami le canard engraissent-ils chaque jour à vue d'œil.

Contrairement aux autres espèces de singes, le *macacus billardensis* s'est reproduit sous notre climat, et n'y est pas devenu phthisique ; ce qui dénote, chez cet animal, une somme énorme de vitalité.

NOTICE BIOGRAPHIQUE COMPLÉMENTAIRE

La vie du 3° président de la 3° République est trop connue pour que nous lui consacrions une longue notice. Nous nous bornerons donc à mentionner quelques dates.

M. Grévy, né à Mont-sous-Vaudrey (Jura) le 15 août 1807, s'appelle, en réalité, de ses prénoms, François-Paul-Judith; pour éviter le ridicule de porter un nom biblique féminin, que lui avait infligé sans doute un parrain légèrement toqué, il changea *Judith* en *Jules*. — Avocat à Paris, où il avait fait son droit, son premier procès politique est du 13 mai 1839 (affaire Barbès). — En 1848, commissaire du gouvernement provisoire dans le Jura; puis, successivement, élu député de ce département à la Constituante et à la Législative. — Devenu célèbre par un amendement qui proposait la suppression de la présidence de la République, rejeté le 7 octobre 1848. — Rentré dans la vie privée après le 2 décembre. Redevient candidat en 1868 au Corps législatif; est élu dans le Jura. — Se tient à l'écart après la révolution du 4 septembre, et reparaît à l'horizon politique, dès que la guerre est terminée. Député du Jura à l'Assemblée nationale de 1871; manœuvre avec beaucoup d'habileté; se fait élire président de l'Assemblée; démissionne le 2 avril 1873, dès qu'il voit la situation de M. Thiers compromise; vote contre le septennat. — Se réserve, sous la présidence de Mac-Mahon. Député de Dôle, à la

Chambre de 1876. Président de la nouvelle Chambre. Est élu député à Paris, au 14 octobre 1877, et pose dès lors sa candidature à cette présidence de la République dont il avait toujours demandé la suppression. — Remplace Mac-Mahon (30 janvier 1879), ayant trompé tout le monde par de fausses apparences d'austérité. Son but est atteint. D'une avarice sordide, il capitalise à outrance. Réélu président à l'expiration de son mandat, il laisse son gendre Wilson aux plus honteux tripotages, et transformer en une boutique l'Élysée, d'où il est enfin chassé, le 2 décembre 1887, à la suite de la découverte de ses concussions.

Le citoyen Grévy restera, en politique, comme le type le mieux réussi du faux bonhomme. Pendant de longues années, il a dupé ses contemporains, avec une habileté consommée. Les républicains le citaient à l'envi pour modèle de toutes les vertus civiques. On disait : « Grévy l'Intègre », comme autrefois : « Aristide le Juste ». Et, quand éclatèrent les scandales qui ont amené sa chute, on fut généralement surpris de constater que cet honnête homme était ce que sont les autres. On avait cru avoir affaire à une fleur de probité, et l'on se trouvait en présence d'un fieffé coquin ; la bonhomie du personnage n'avait été qu'une rouerie jusqu'alors sans exemple. Ce président modeste, aux allures d'incorruptible, qui paraissait dédaigner les intrigues de la politique, pour se livrer paisiblement à l'élevage des canards, à la chasse aux lapins, ou encore à d'inoffensifs carambolages, était un roublard accompli.

Il laissait vendre la croix d'honneur à l'Élysée. Il recevait familièrement chez lui les plus viles proxé- nètes et leur confiait les secrets de la patrie, en vue d'un infâme trafic. Dans un procès de guano, il frustrait le trésor national au profit de banquiers cupides. Tripotant les dossiers judiciaires, il en arri- vait jusqu'à commettre des faux, pour rendre indem- nes les scélérats ses complices.

Bref, durant quarante ans, ce misérable fut, aux yeux de tous, le prototype de l'austérité républicaine; si bien qu'aujourd'hui chacun se dit :

« — Si celui-là est le plus parfait honnête homme du parti, que sont donc les autres ? »

LA PIEUVRE

CLÉMENCEAU

Si l'on veut bien, la pieuvre n'est qu'un gros poulpe; mais c'est un poulpe terrible.

L'espèce de ces mollusques céphalopodes n'est pas nombreuse ; toutefois, elle compte assez d'individus pour pouvoir se perpétuer, au grand détriment de la société.

La pieuvre républicaine vit au sein des eaux politiques, embusquée dans les golfes de l'intrigue parlementaire. L'individu que nous allons décrire, le *polypus clemencistus*, est, de nos jours, le plus formidable de l'espèce.

C'est un animal très dangereux, et on le redoute avec raison.

Cramponné aux rochers de la côte du département maritime du Var, il étend au loin ses tentacules, et, dans l'élément perfide où il se meut, il cause de grands ravages.

L'aspect de la bête est hideux. L'œil est fixe, glauque. Les bras sont armés de plusieurs rangées de ventouses ou suçoirs, petites coupes circulaires avec une ouverture au centre, laquelle conduit à une cavité : à cet orifice s'adapte une sorte de piston ; ces ventouses s'appliquent et adhèrent avec une force surprenante à la proie que l'animal saisit ; les suçoirs des extrémités présentent, au centre de chaque coupe, une griffe acérée et recourbée, ce qui permet à la pieuvre de retenir sa victime tout en la blessant cruellement.

L'animal est rusé ; cela est reconnu par tous les naturalistes. Il manœuvre, dans les bas-fonds des ondes politiques, avec une habileté prodigieuse. Il attaque les autres poissons de l'océan républicain, sème partout la terreur autour de lui, dévore même les ministres que l'on croyait les mieux en état de lui résister.

Si, parfois, il reconnaît, au milieu d'une tempête radicale, qu'il ne sera pas le plus fort et que son attaque risque de ne pas être couronnée de succès, il se dérobe prestement, abandonne son rocher et disparaît dans la tourmente révolutionnaire, lâchant une liqueur noire qu'il possède dans une espèce de poche et qui est secrétée par des glandes nommées « petits-papiers ». Cette liqueur noire n'est pas autre chose que de l'encre calomnieuse, *atramentum calomniosum*, ou encore *atramentum justiciæ*, encre de la « justice ». Elle trouble les eaux à un tel point que le monstre peut dissimuler complètement sa fuite; il était là tout à l'heure, il n'y est plus, il s'est réfugié dans quelque antre sous-marin, inconnu de tous, où nul ne saurait le découvrir.

Les naturalistes sont également d'abord pour dire que la pieuvre est d'une voracité incroyable; elle détruit pour le seul plaisir de détruire. On l'a vu se livrer parfois à un massacre complet de portefeuilles, sans y être poussée par la faim, sans que la bête, une fois son œuvre de destruction accomplie, ait essayé de s'approprier l'un des portefeuilles qui jonchaient la grève.

Les personnes qui, par plaisir ou par nécessité, se baignent dans la mer politique, doivent faire bien attention à ne pas s'aventurer parmi les anfractuosités des rochers du radicalisme ; car plusieurs baigneurs imprudents de la députation ont été saisis par la pieuvre et se sont noyés. On ne cite, parmi les baigneurs politiques attaqués par elle, qu'un mitron célèbre qui ait su lui résister longtemps avec avantage.

Le *polypus clemencistus* est le chef-d'œuvre de l'intrigue parlementaire. Avec ses immenses tentacules, il enlace ses victimes, les paralyse, les réduit à l'impuissance. Il fait le mal et empêche le bien. Ce dragon visqueux n'a qu'une passion : la haine. Et quelle haine ? La haine hypocrite, la haine qui se cache, la haine qui assassine à la dérobée, la haine froide ; car le monstre est glacial.

NOTICE BIOGRAPHIQUE COMPLÉMENTAIRE

Un très vilain monsieur. C'est le type du médecin sans malades, qui s'est lancé dans la politique pour se créer une situation.

Georges Clémenceau est un Vendéen du Bocage. Il est né le 28 septembre 1841 à Mouilleron-en-Pareds, près de Fontenay-le-Comte. Il appartient à une vieille famille de révolutionnaires. Son grand-père était un de ces bandits qu'on appelait les « bleus » sous la première Révolution, un de ces sinistres terroristes de village qui, en 1793, noyèrent dans des flots de sang la noble révolte des héroïques compagnons de La Rochejaquelein. Dans la famille Clémenceau, les principes révolutionnaires sont donc de tradition : les premiers éléments de la religion n'y sont pas enseignés aux enfants ; le nom auguste de Dieu n'y est même pas prononcé.

Le jeune Clémenceau reçut ainsi une éducation athée. Après avoir fait ses études à Nantes, il vint en 1865 à Paris pour achever sa médecine ; c'est en 1869 qu'il fut reçu docteur. Mais les lauriers pacifiques des Chevreul et des Pasteur ne le tentaient pas ; son élément, à lui, était la politique. La révolution du 4 septembre fit de ce jeune médecin sans clientèle un des maires de Paris ; il avait vingt-neuf ans à peine, quand le gouvernement issu de l'émeute lui confia l'administration du XVIIIᵉ arrondissement.

Tandis que les bons Français se faisaient tuer pour défendre le sol sacré de la patrie contre l'invasion allemande, lui, tout à sa haine de sectaire, il prescrivait la laïcisation des écoles de Montmartre.

Au 8 février 1871, il fut élu représentant de la Seine à l'Assemblée nationale, le vingt-septième sur quarante-trois, par 95,144 suffrages. A Bordeaux, il fut un des adversaires de la conclusion de la paix : il ne lui en coûtait pas beaucoup de voter la guerre à outrance ; il ne s'était pas battu, et, si la guerre avait continué, il serait revenu se chauffer les pieds aux feux de cheminée de la mairie du XVIII° arrondissement, envoyant les autres mourir à sa place sous les balles ennemies.

Lors de l'insurrection du 18 mars, il eut une grande part de responsabilité dans l'assassinat des généraux Clément Thomas et Lecomte ; ce crime horrible fut commis, en effet, à deux pas de la mairie où il régnait en souverain maître ; empêcher cet exécrable forfait eût été pour lui la chose du monde la plus facile.

On n'a pas oublié comment les choses se passèrent. Néanmoins, on ne saurait trop rappeler les faits.

Les révolutionnaires avaient, dans la journée du 26 février, enlevé des canons parqués à l'avenue de Wagram et au parc Monceau, et les avaient transportés sur les hauteurs de Montmartre. M. Clémenceau laissa s'organiser un comité factieux, qui, sous prétexte de défendre l'arrondissement, alla siéger tout à fait au sommet de la butte, rue des Rosiers, n° 6, dans une maison qui allait bientôt acquérir la plus triste célébrité.

Après le départ des Prussiens, le général d'Aurelles de Paladines fut nommé commandant en chef de la garde nationale parisienne. Dès le 10 mars, il négocia avec le maire Clémenceau pour reprendre à l'amiable les canons que ses administrés s'obstinaient à garder contre tout droit ; ces négociations n'aboutirent pas. Ce fut alors que M. Thiers donna au général Vinoy l'ordre de s'emparer des canons, en usant, au besoin, de la force. Le 18, vers quatre heures du matin, Montmartre était cerné par un cordon de troupes, et le général Lecomte, à la tête de quelques compagnies du 88e de marche, d'une compagnie de gardiens de la paix et d'un bataillon de chasseurs à pied, reprenait les canons sans résistance sérieuse. Malheureusement, les attelages d'artillerie, qui avaient été commandés pour enlever les pièces, n'arrivèrent pas à l'heure fixée. On perdit un temps précieux à les transporter une à une sur le boulevard ; là, la foule des faubourgs se mêla à la troupe ; il y eut désordre, puis indiscipline, pendant que les révolutionnaires faisaient sonner le tocsin et battre le rappel à Montmartre et à Belleville.

Alors, commença la sanglante tragédie. Le général Lecomte, à qui M. Clémenceau était venu dire qu'il n'avait rien à craindre dans son quartier, dont il répondait, est, au mépris de cette parole, arrêté par les émeutiers et conduit dans un établissement de bal public de la rue Clignancourt. Deux anciens sergents de ville sont assommés à coups de crosse, dans la rue des Rosiers. Un capitaine d'artillerie est blessé mortellement au coin de la rue Houdon. Le colonel du 88e de marche est arrêté et enfermé dans une boutique du boulevard Rochechouart. Place Pigalle, un capitaine de chasseurs à cheval tombe mortellement atteint par les balles des fédérés. L'insurrection triomphe ; le peu de troupes restées fidèles se retirent sur l'ordre du général Vinoy.

Cependant, au Château-Rouge (l'établissement de bal de la rue Clignancourt), le général Lecomte était

gardé par les insurgés, en compagnie de quelques
officiers, arrêtés comme lui ; parmi eux, se trouvait
le capitaine Beugnot, officier d'ordonnance du ministre
de la guerre, qui échappa au massacre et a pu raconter les faits. Vers une heure de l'après-midi, les prisonniers furent conduits du Château-Rouge à la
maison de la rue des Rosiers ; ce transfert s'opéra
sous une escorte de fédérés, électeurs de M. Clémenceau, qui insultaient les officiers, au milieu d'une
populace ivre de sang, qui poussait des cris de mort.
Bientôt, on amena le général Clément Thomas : il
était venu bravement réclamer un de ses officiers
d'ordonnance, et les insurgés s'étaient emparés de sa
personne.

L'arrivée de Clément Thomas, vieillard à cheveux
blancs, donna le signal du carnage. Il n'y eut même
pas le moindre simulacre de jugement. Les deux généraux furent saisis au collet par les meurtriers et
traînés dans le jardin, où ils furent lâchement assassi-
nés, l'un après l'autre. « Ce ne fut pas un feu de pelo-
ton, rapporte le capitaine Beugnot, mais ce furent des
coups isolés, ce fut un massacre. » Quant aux autres
prisonniers, on les reconduisit au Château-Rouge ; ce
qui les sauva.

Ces scènes épouvantables avaient duré depuis neuf
heures du matin jusqu'à six heures du soir ; et, pendant tout ce temps, M. Clémenceau, qui, très populaire, exerçait une réelle influence à Montmartre,
s'était tenu à l'écart, ne tentant aucune démarche
pour délivrer les victimes, laissant le crime se commettre. Il ne parut qu'après la catastrophe ; c'est à

six heures seulement qu'il vint à la rue des Rosiers. Ses dignes électeurs dansaient autour des cadavres, après leur avoir fait subir mille outrages.

Que dire de plus? Cette première page de la vie politique de M. Clémenceau ne fait-elle pas bien juger l'homme?

Depuis lors, M. Clémenceau a été, pendant dix-huit ans, l'élu des radicaux de Montmartre. A la Chambre, il est devenu le chef de l'extrême-gauche. Le descendant des « bleus » de 93 rêve une nouvelle Terreur, dont il serait le Robespierre. Et, de fait, M. Clémenceau est un Robespierre au petit pied. Il prétend que tout courbe sous sa tyrannie. Même, à son journal *la Justice*, il mène ses rédacteurs comme un planteur du Brésil traite ses esclaves. Il nourrit une haine féroce contre le général Boulanger, qu'il accuse de « lui avoir volé sa popularité », et il ne serait pas fâché de le voir fusiller, comme Lecomte et Clément Thomas l'ont été par ses amis.

Elu en 1885 à Paris et dans le Var, il a opté pour ce département. Aux élections de 1889, il n'a pas osé se représenter à Paris, et l'arrondissement, qui jusqu'alors lui avait été fidèle, s'est détourné de lui, au point de donner une très forte majorité à l'homme dont il s'est hautement déclaré l'adversaire, le général Boulanger; il est vrai que le gouvernement a déclaré Boulanger inéligible, n'a pas tenu compte de ses voix et a proclamé élu le candidat révolutionnaire Joffrin, protégé de Ferry, Floquet et Clémenceau. Quant à celui-ci, c'est à Draguignan qu'il s'est porté et où il a eu même à subir l'humiliation d'un ballottage ; il n'a été élu qu'au second tour, par 9,369 voix, dans un arrondissement qui compte environ 27,000 électeurs.

Au parlement, M. Clémenceau passe son temps à faire décorer ses amis et à renverser les ministres. En fait d'amis, il n'a pas la main heureuse. C'est ainsi qu'il a patronné un juif prussien, nommé Cornélius Herz, et l'a laissé nommer successivement chevalier, puis officier, puis commandeur, puis grand-officier de la Légion d'honneur ; ce juif prussien n'avait aucun titre à la décoration, mais il était bailleur de fonds du journal *la Justice ;* finalement, ce personnage a levé le pied, un beau matin, laissant de nombreuses dupes et se moquant bien du code français, lui, le bon ami de M. Clémenceau, devant qui les ministres tremblent. Car c'est sa spécialité, à cet homme: il est un grand démolisseur de ministères, et les titulaires de portefeuilles le redoutent. Il semble qu'il a juré de renverser tous les gouvernements, jusqu'à ce que vienne son règne à lui, le règne de Robespierrot.

LE GEAI PARÉ...

CARNOT

Les geais forment un groupe assez naturel
intermédiaire entre les corbeaux et les pies; ce
sont des passereaux conirostres, comprenant une
dizaine d'espèces répandues dans les deux conti-
nents.

5

C'est de l'espèce politique, bien entendu, que nous allons nous occuper.

Le geai, dont il s'agit ici, est incontestablement un oiseau français ; mais, par une bizarrerie inexplicable qui a présidé à son origine, il a en lui quelque chose de persan. Les naturalistes, pour bien marquer ce double caractère, l'ont appelé *graculus carnotus vel sadicus* (carnot, nom français ; sadi, nom persan).

L'animal a le plumage noir, très noir, un vrai noir d'ébène ; sa tête, comme celle du geai commun, est ornée d'une petite huppe érectile et de moustaches noires ; les pattes sont fines et élégantes ; les ailes, quand elles sont au repos, se rejoignent avec la queue, dans une forme particulière appelée indifféremment frac, sifflet ou queue de morue. Sur tout ce noir, se détache, au col, une ligne blanche de petites plumes très raides qui forcent l'oiseau à tenir sa tête bien droite, à ce point qu'il en est même gêné.

Les mœurs du geai politique sont fort paisibles et honnêtes ; il n'est pas voleur, comme la pie. Au contraire ; on prétend qu'il lui est arrivé, une fois, de remettre en place un objet de grande valeur que le *macacus grevyus* avait chippé dans un bureau de l'enregistrement.

En outre, le geai a l'amour de la famille ; même lorsqu'il prend de l'âge, il ne se sépare pas de son père, contrairement aux autres oiseaux, qui se considèrent comme indépendants dès qu'ils peuvent voler hors du nid.

Les naturalistes, en constatant cette particularité, l'attribuent au tempérament craintif du geai. En effet, l'animal est des plus timides ; en quoi il se distingue de tous les passereaux, qui sont effrontés. Sa timidité est même de la gaucherie ; le moindre bruit inusité l'inquiète, il redoute un rien, ne sait que devenir et donne inconsidérément dans les pièges les plus grossiers.

Il s'élève assez bien et se fait aisément à la domesticité. En cage parlementaire, il apprend sans peine à siffler et parvient à imiter la parole, comme un sansonnet ou un merle ; mais il est juste de dire que son talent d'élocution est peu apprécié et qu'on lui préfère de beaucoup le plus vulgaire perroquet.

Si au premier abord il est quelque peu sauvage, du moins, il devient familier à raison de l'amitié qu'on lui témoigne.

En, somme ce n'est pas une bête antipathique. Il est dépourvu de méchanceté, et, une fois appri-

voisé, son maître en fait ce qu'il veut. Il n'a pas
de volonté propre; il se laisse guider et s'accommode de tout.

Mais ce qui est étrange, ce qui n'a pu être
expliqué par aucun ornithologiste, c'est que,
en dépit de ses mœurs si douces, le geai a, par
moment, des velléités orgueilleuses.

La Fontaine, ce grand observateur des animaux, a noté cette curieuse anomalie : le geai se
pare des plumes du paon. Il réussit à merveille à
se composer un plumage qui n'est pas le sien,
s'intitule *grandus carnotus*, s'imagine être un
magnifique personnage, une fois qu'il s'est orné
de la dépouille d'un oiseau superbe.

Bientôt, à son cri, on reconnaît qui il est, et
l'on trouve qu'il agirait beaucoup plus sagement
en se contentant d'être lui-même.

NOTICE BIOGRAPHIQUE COMPLÉMENTAIRE

Le quatrième président de la troisième République
est un Limousin. M. Carnot est né à Limoges, le 11
août 1837. Il reçut, à sa naissance, trois prénoms:
Marie, François et Sadi. Pourquoi Sadi? que signifiait

Sadi ? Ce prénom persan lui a été infligé en mémoire de son oncle. En effet, l'aïeul du président, le Carnot de la Révolution et de l'Empire, avait donné à l'un de ses fils les prénoms de Lazare-Hippolyte, et à un autre, celui de Sadi. Les biographes officiels nous apprennent que le chef de la dynastie des Carnot avait une grande prédilection pour ce prénom oriental, « parce que, disent-ils, il rappelait à son esprit des idées de sagesse et de poésie ». Force nous est de nous contenter de cette explication.

M. Sadi Carnot, petit-fils du Carnot de 1793, est donc le fils de Lazare-Hippolyte Carnot, ancien ministre du gouvernement révolutionnaire de février 1848, décédé récemment sénateur de la troisième République.

Notre Carnot actuel est, assurent ses amis, un excellent ingénieur. En effet, il entra en 1857 à l'Ecole Polytechnique avec le numéro cinq et en sortit en 1860 avec le numéro un. En 1863, il sortit également avec le numéro un de l'Ecole des ponts et chaussées. Il fut alors nommé secrétaire adjoint au Conseil des ponts et chaussées. Puis un an plus tard, le gouvernement impérial l'envoya comme ingénieur à Annecy. La France venait de s'annexer la Savoie, et Napoléon III, désireux de s'attacher les populations de cette nouvelle province, tenait à la doter de travaux publics de toute sorte. Le jeune ingénieur eut donc l'occasion de faire valoir ses mérites. Il dirigea la construction des chemins de fer du département, fit bâtir des digues, présida à la création du port de Collonges sur le Rhône, etc. Les mauvaises langues prétendent que bon nombre de ces travaux laissèrent à désirer; mais nous ne voulons pas écouter les mauvaises langues. Dans notre publication, c'est de l'homme politique que nous nous occupons. Aussi, nous admettons très volontiers que le jeune Sadi était un excellent ingénieur; nous admirerons même ses mérites au point de déclarer qu'il eût toujours dû rester ingénieur.

Survient la guerre, puis l'insurrection du 4 septembre. Les révolutionnaires prennent le pouvoir. Le papa Carnot, qui était dans sa soixante-dixième année et à qui le nouveau gouvernement devait bien une place quelconque à raison de son titre d'ancien ministre de 1848, est nommé maire du VIIIe arrondissement de Paris; et, pour prouver au bon peuple que la République n'est pas le régime du népotisme, le jeune Carnot fils, qui n'avait jamais fourni ses preuves d'homme d'État et d'administrateur, est bombardé préfet de la Seine-Inférieure et commissaire extraordinaire de la Défense nationale dans les trois départements de Seine-Inférieure, Eure et Calvados. Son administration, durant ces jours terribles, n'a laissé aucune trace remarquable; on peut même dire que le rôle de M. Sadi Carnot pendant la guerre est demeuré à tel point effacé, qu'il est difficile de porter sur lui n'importe quel jugement.

Mais voici l'armistice; les électeurs sont convoqués pour nommer leurs représentants à l'Assemblée Nationale. Après cinq mois de dictature, il était temps de rendre la parole au pays. Le jeune ingénieur avait pris goût à la politique. « Et pourquoi ne serais-je pas député tout comme un autre? » se dit-il. Il ne se présenta ni dans la Seine-Inférieure, ni dans l'Eure, ni dans le Calvados ; il y avait passé tellement inaperçu !... En Savoie ? il n'y pensa pas davantage, malgré ses ponts et ses digues ; il supposa, sans doute, que les Savoisiens ne l'appréciaient pas à sa valeur... Il aurait pu encore se porter candidat dans la Haute-Vienne, en sa qualité de Limousin. Ou même, son vénérable père, qui était né à Saint-Omer, aurait pu le patronner dans le Pas-de-Calais. Il n'en fut point ainsi. Les amis de Carnot fils pensèrent que le jeune préfet aurait plutôt des chances dans la Côte-d'Or, et voici pourquoi : pendant la guerre, on avait beaucoup parlé, dans les clubs, des glorieux ancêtres de 89, 92 et 93, les défaites de 1870-71 avaient fait penser à Hoche, Kléber, Marceau, aux vaillants généraux de l'époque, et aussi quelque peu à Carnot, au grand Carnot, comme on disait, à ce Carnot que la légende républicaine a gratifié de ce surnom prétentieux, mais guère justifié : « l'organisateur de la victoire », sous prétexte qu'il se trouvait, comme commissaire de la Convention, aux côtés de Jourdan, lorsque celui-ci gagna la bataille de Wattignies. Donc, feu le grand Carnot était revenu à la mode. Or Carnot grand-père était né à Nolay, dans la Côte-d'Or. C'est pourquoi, afin de sauver la France, il n'y avait plus qu'une chose à faire : élire Carnot petit-fils député de la Côte-d'Or. Et en avant la grosse caisse !... Carnot petit-fils fut porté candidat dans un département où il était encore plus inconnu que dans tous les autres ; et c'est sans doute pour cette raison qu'il fut élu. Le grand-père conventionnel pouvait, au fond de sa tombe, être fier de l'honneur qui lui était rendu en la personne d'un de ses descendants.

A l'Assemblée Nationale, Sadi se rangea modestement derrière son père, qui avait été élu, lui, par le département de Seine-et-Oise. C'était un touchant spectacle, que de voir les deux Carnot voter (car ils ne montaient jamais ni l'un ni l'autre à la tribune) : si le papa votait bleu, Sadi votait bleu, et si le papa mettait un bulletin blanc dans l'urne, on pouvait être sûr que Sadi ne manquerait pas d'y déposer à son tour un bulletin blanc. Carnot père et fils votèrent donc ainsi toutes sortes de lois, sans prendre une seule fois la parole. Enfin aux approches de la dissolution, Carnot père fut nommé sénateur inamovible, et Carnot fils, à qui quelques années manquaient encore pour pouvoir briguer un siège à la Chambre Haute, dut se contenter de poser sa candidature à la Chambre Basse. Certes, il y a tout lieu de supposer qu'il en coûta beaucoup à Sadi de ne plus avoir la possibilité de s'accrocher aux pans de la redingote paternelle. Les deux Carnot versèrent sans doute quelques larmes, motivées par cette séparation parlementaire, et l'enfant fut livré à lui-même.

Représentant de l'arrondissement de Beaune à la Chambre, M. Sadi Carnot y passa aussi inaperçu qu'à l'Assemblée Nationale. Rendons-lui cette justice : s'il ne faisait pas de bruit, au moins il était honnête.

Il fut constamment réélu par le département de la Côte-d'Or, soit au scrutin uninominal, soit au scrutin de liste.

C'est en 1878 qu'il sortit des rangs des députés vulgaires. M. de Freycinet le choisit pour sous-secrétaire d'État aux travaux publics (26 août). Dès lors, nous le voyons faire tout doucement son petit bonhomme de chemin. En 1883, président de la commission du budget ; puis vice-président de la Chambre. En 1885, successivement, ministre des travaux publics et ministre des finances. Dans ce dernier poste, il fit preuve d'une réelle probité : il refusa d'autoriser l'enregistrement à restituer à certains banquiers juifs une somme de plus de cent mille francs, que le vieux Grévy, complice desdits banquiers, prétendait leur faire rendre, prétextant (ce qui était faux) qu'elle avait été indûment perçue. Cette affaire fit quelque bruit en novembre 1887.

Aussi, lorsque Grévy Pot-de-Vin fut chassé de l'Élysée, en présence des compétitions de MM. de Freycinet, Ferry, Brisson et Floquet qui briguaient la succession présidentielle, l'accord se fit tout à coup sur le nom de Sadi Carnot, et le petit-fils du conventionnel fut élu premier magistrat de l'État, au moment où lui même s'y attendait le moins.

En somme, M. Sadi Carnot est, en tant qu'homme politique, une nullité honnête. Le peu de prestige qu'il exerce sur les républicains badauds lui vient de son grand-père, dont il a fait transférer les cendres au Panthéon. Éternelle histoire du geai qui se pare des plumes du paon !

L'ÉLÉPHANT

SPULLER

Près de la place de la Concorde, à Paris, sur la rive gauche de la Seine, est une gigantesque rotonde formée par des grilles. Pénétrons à l'intérieur, et nous contemplerons un des plus beaux établissements zoologiques qui se puissent imaginer. Ici, à droite, la fosse de la questure, où dort un des plus beaux spécimens du genre hérisson. Là, au bout de ce couloir sombre, une chambre aux murs remarquables par leurs nombreux trous, nids des vampires du Foucharupt. Dans le jardin, au pied du péristyle, une taupière. Là-bas, les fauves. Plus loin, les reptiles. Ailleurs, la galerie des empaillés. Au centre, dans une vaste coupole grillagée et vitrée par en haut, le palais national des singes : ils sont là, de tous les genres, de toutes les espèces, depuis le sapajou jusqu'au gorille, juchés sur des pupitres et se grattant, accrochés à des banquettes, et grimaçant, suspendus par la queue aux colonnes, et grignottant des carottes et autres légumes législatifs. Ce spectacle est réellement admirable et donne une haute opinion du pays qui est assez riche pour pouvoir entretenir ainsi des animaux si dispendieux et si inutiles.

Mais, attention !... Tandis que les singes se livrent à leurs exercices variés, tout à coup, on entend un bruit dans la cour d'un pavillon adjacent. Un cornac s'y dirige, et un gigantesque pachyderme paraît, ébranlant le sol de son pas lourd ; c'est l'éléphant badois, *elephas badensis spullerius*, de l'ordre des proboscidiens.

Admirez cette masse énorme, monstrueuse

dans sa difformité. L'animal n'est pas néanmoins sans une certaine grâce. Il joue avec un portefeuille, qu'il tient au bout de sa trompe, et sur le maroquin duquel on peut lire : « Ministère des Affaires Étrangères. » Car c'est là le nom donné à la division de la ménagerie où notre pachyderme a élu domicile. Voyez son auge, elle est pleine de choucroute ; la nourriture favorite de la bête trahit son origine badoise.

Tiens, que va-t-il se passer ? Le cornac vient de poser sur une borne un verre d'eau et quelques grains de sucre, et il crie : « A la tribune ! à la tribune ! »

L'éléphant s'avance, majestueux, pose son portefeuille sur la borne, se cale, saisit avec sa trompe le verre d'eau, après y avoir jeté un grain de sucre. En un clin d'œil, la boisson est avalée. L'animal fait entendre alors un petit grognement de satisfaction. Puis, s'étant ainsi mis en train, se dandinant par un léger balancement à droite et à gauche, agitant ses vastes oreilles en cadence, il pousse une série de cris bizarres, les uns aigus jaillissant de la trompe, les autres sourds sortant du fond du gosier. C'est une cacophonie étrange ; ce sont des sons incohérents se succédant les uns aux autres, avec rapidité, sac-

cadés, entrecoupés. Et l'éléphant se démbue,
s'agite, se secoue, jetant à tous les échos ses
notes extravagantes et sans suite.

Et voilà que ce monologue décousu a mis en
émoi toute la ménagerie. De l'autre côté de la
grille, les singes, étonnés, cessent de grimacer,
regardent curieusement le pachyderme badois,
sans rien comprendre, bâillent, ensuite s'étirent
et vont enfin se réfugier dans leurs niches. L'éléphant, qui a pris goût à cet amusement, continue
de plus belle. Son cornac, lui-même, trouve qu'il
abuse et essaie de le faire taire ; mais c'est en
vain. L'animal crie tant qu'il a du souffle, ges-
ticule de la trompe et des pattes tant qu'il n'est
pas harassé.

Enfin, n'en pouvant plus, il s'arrête, ingurgite
un dernier verre d'eau sucrée, et quitte la borne
pour aller s'étaler sur sa litière. Il est incons-
cient, il ne se rend aucun compte de la mani-
festation à laquelle il s'est livré, et cela d'autant
plus qu'elle n'avait aucun sens. Mais il est content, heureux : il a fait du bruit, cela suffit à sa
joie, à sa satisfaction.

Du reste, l'éléphant badois n'a rien de remarquable. S'il a un succès de curiosité, c'est parce
qu'il est légendaire ; car, de même que le premier

éléphant venu en France doit sa célébrité à ce qu'il a été envoyé à Charlemagne par le calife Haroun-al-Raschid, de même l'*elephas spulleriæ* est fêté par quelques-uns uniquement parce qu'il fut pris à l'étranger et envoyé à la ménagerie en même temps que le fameux lion de Gênes, dont nous parlerons plus tard, quand nous rendrons visite à la galerie des empaillés.

NOTICE BIOGRAPHIQUE COMPLÉMENTAIRE

Spuller ! comme ce nom sonne bien français, n'est-ce pas ?... Et encore il ne se prononce pas comme il s'écrit !... Il faut prononcer : « *Spoulre...* » Pauvre France ! à quel point faut-il que tu sois naïve, pour te livrer ainsi aux étrangers !

M. Eugène Spuller est fils d'un père badois, qui n'a jamais été naturalisé ; mais il est né à Seurre (Côte-d'Or), et cela suffit aux républicains pour le proclamer bon Français. — Donc, *mein herr Spoulre* naquit le 8 décembre 1835. Il fit ses études au collège de Dijon, suivit dans cette ville les cours de la faculté de droit ; puis, il alla s'inscrire au barreau de Paris. C'est de cette époque que date son amitié avec Gambetta.

Ses biographes nous disent qu'il plaida peu. Le fait est qu'il ne fit guère parler de lui ; et cependant, Dieu

sait si le gaillard a le verbe abondant ! Sans doute,
les causes lui manquèrent. Quoi qu'il en soit, il passa
complètement inaperçu au barreau. Il l'abandonna
donc pour entrer dans le journalisme.

D'abord, ce fut à un journal allemand qu'il envoya
sa copie ; il fut le correspondant parisien de l'*Europa*,
de Francfort. Ce début dans la presse était digne d'un
badois. Puis, il collabora à des journaux de la capitale, tels que le *Nain Jaune*, le *Journal de Paris*, la
Revue politique, etc.

Lors des élections de 1869, il fit partie du comité
qui soutint la candidature Dancel contre celle de
M. Émile Ollivier à Paris.

Mais arrivons au 4 septembre ; c'est ici que commence réellement le rôle de *mein herr Spoulhe*. Le
7 octobre 1870, Spuller accompagnait Gambetta dans
la nacelle du ballon *l'Armand-Barbès*, et ils allaient
tomber à Épineuse, dans les environs de Clermont,
de l'Oise. Le gouvernement insurrectionnel les avait
chargés « d'organiser la défense nationale en province ». Les intérêts sacrés de la patrie française
étaient confiés à un Génois ayant pour lieutenant un
Badois.

Nous n'avons point ici la place nécessaire pour
raconter les lamentables actes des membres de la
délégation provinciale du gouvernement de Paris. On
sait que, si Gambetta donna des preuves de sa bonne
volonté, d'autre part il brilla par une incapacité
notoire. Et, de l'avis unanime de la commission
d'enquête élue plus tard par l'Assemblée Nationale
pour examiner les actes de ce gouvernement d'occa-

sion, Spuller fut encore plus incapable que son ami.
Il n'avait, quant à lui, aucun mandat; mais cela ne
l'empêcha nullement de donner des ordres aux fonc-
tionnaires. C'est lui qui fut l'auteur de la nomination
célèbre du journaliste Albert Daumo, envoyé comme
sous-préfet à un chef-lieu de canton d'Algérie que
Spuller avait pris pour une sous-préfecture. Il est
juste de reconnaître qu'en fait de géographie admi-
nistrative, le citoyen Daumo était aussi ignorant que
le secrétaire de Gambetta ; il fit le voyage d'Algérie,
se rendit à son poste et fut tout étonné de constater
que sa sous-préfecture n'existait pas ; il dut revenir
bredouille, et ce gouvernement grotesque lui accorda
une compensation.

Aux élections de février 1871, *mein herr Spoulre*
se tint dans la coulisse. Pendant la Commune, il fit le
mort également. Plongeon complet. C'est au mois de
novembre seulement que nous le voyons revenir sur
l'eau. Il fonde avec Gambetta le journal *la République
Française*, organe principal des opportunistes. Il en
fut le rédacteur en chef. C'est dans cette feuille qu'il
donna sa définition de l'opportunisme « méthode nouvelle, méthode d'évolution tour à tour en avant, en
arrière, sur les ailes, au centre, suivant qu'il y a lieu
pour l'avantage du parti, méthode positive, pratique,
qui n'avance pas trop pour ne pas avoir à reculer ;
mais qui ne se jette pas trop en arrière par peur des
idées nouvelles, ni trop de côté pour faire des trouées
dans l'inconnu ». Cette définition, demeurée célèbre,
de l'opportunisme, donne une idée du style à la fois
abondant et nuageux de Spuller.

En 1876, l'Assemblée Nationale se dissout, et Spuller pose sa candidature à la Chambre des députés, dans le III° arrondissement de Paris : il avait pour compétiteurs M. Dietz-Monnin, républicain centre-gauche, et M. Bonnet-Duverdier, radical intransigeant ; il ne fut élu qu'au scrutin de ballottage. L'un des 363, il fut réélu sans concurrent, au 14 octobre 1877. L'année précédente, il s'était signalé tout particulièrement comme anti-clérical en publiant . une *Histoire des Jésuites*, qui est un monument de mensonges et de calomnies. De concert avec Jules Ferry, il préparait déjà les expulsions. Il fut le rapporteur du projet de loi sur l'enseignement supérieur, projet dû au Tonkinois.

Le 21 août 1881, il fut de nouveau réélu dans le III° arrondissement de Paris. Il fit partie du ministère Gambetta comme sous-secrétaire d'État aux affaires étrangères ; c'est, sans doute, son origine badoise qui lui valut ce poste. En 1883, la Chambre le choisit pour un de ses quatre vice-présidents.

Mais sa popularité commençait à décliner auprès des électeurs parisiens. Quelques réunions furent organisées contre lui dans son arrondissement ; on le trouvait trop mou. Déjà, en 1882, il s'était porté candidat, lors d'une élection sénatoriale du département de la Seine, et il avait piteusement échoué. Aux élections de 1885 pour le renouvellement de la Chambre au scrutin de liste, il arriva bon trente-neuvième, à Paris, où il s'agissait de nommer trente-huit députés. Heureusement pour lui, il fut élu dans la Côte-d'Or, au ballottage.

Pendant la première partie de la législature de la Chambre dont le souvenir restera sous le nom de Chambre des Pots-de-Vin, il a été ministre de l'instruction publique. Cette période de sa vie est certainement celle où il a prononcé le plus grand nombre de discours, et quels discours! Chaque lundi matin, les journaux républicains avaient leurs colonnes remplies par un discours que *mein herr Spoulre* avait prononcé le dimanche; c'était réglé comme du papier à musique. Sous prétexte d'inaugurer une statue, de poser la première pierre d'un lycée de filles, de présider un banquet d'instituteurs, etc., Spuller ouvrait le robinet de son éloquence filandreuse et pérorait pendant plusieurs heures, ne s'arrêtant que lorsqu'il était à bout de souffle; de mémoire d'homme, on ne cite pas un bavard de son calibre. Ce qu'il débite est vide, pâle, terne, assommant ; et c'est un débit à jet continu.

Il a été ensuite ministre des affaires étrangères dans le cabinet Tirard (23 février 1889). Aux élections générales du 22 septembre de cette même année, il s'est bien gardé de se porter candidat à Paris; une modeste circonscription de province, la deuxième de l'arrondissement de Beaune, lui a suffi, et, du reste, il y a été élu au premier tour de scrutin, par 6,500 voix sur 10,000 votants.

Signe particulier : *mein herr Spoulre* ne veut pas laisser dire qu'il est franc-maçon, sous le fallacieux prétexte qu'il n'a jamais reçu dans les Loges une initiation bien régulière. Seulement, quand il était député du III° arrondissement de Paris, c'est en loge, au Grand Orient de France, qu'il venait rendre comp'e de son mandat législatif. Une fois même, il ouvrit un bal maçonnique en dansant galamment avec une des sœurs-maçonnes les plus connues. Il n'y a pas long-temps, il présidait à Châlon-sur-Saône un banquet maçonnique et y faisait une conférence maçonnique. A part cela, Spuller n'est pas franc-maçon.

LA VIPÈRE

JULES ROCHE

Oh! la vilaine et scélérate bête!

Nous avons tous appris, sur les bancs de l'école, l'histoire de ce villageois naïf, qui, ayant trouvé une vipère étendue sur la neige, transie, gelée, en eut pitié et l'emporta chez lui pour la réchauffer; à peine l'eut-il rendue à la vie, qu'elle voulut mordre et assassiner son bienfaiteur.

La vipère, c'est la personnification de l'ingratitude dans tout ce qu'elle a de plus odieux.

C'est la méchanceté qui rampe et se cache pour piquer.

Le reptile malfaisant se dissimule sous les fleurettes de la prairie et s'attaque aux êtres inoffensifs, de préférence aux meilleurs ; et sa morsure est souvent mortelle. Son venin est terrible.

Pour parler erpétologie, la vipère est un genre de reptiles ophidiens venimeux, le type de la famille des vipérides, comprenant de nombreuses espèces, répandues, hélas ! dans les diverses régions du globe, et très communes dans la politique républicaine.

Le plus hideux spécimen de l'espèce politique est la vipère anti-cléricale, *vipera julia-rocha irreligiosa*.

Cette vipère n'est pas un animal exotique ; elle est née en France, près des sources de la Loire. Le villageois, qui a eu la naïveté de l'élever, est un bon prêtre, ne croyant pas au mal ; c'est dans un séminaire que l'immonde reptile a été réchauffé. Et, comme le serpent de la fable,

c'est contre l'Eglise, sa bienfaitrice, qu'il manifeste le plus violemment sa rage, c'est le clergé
qu'il cherche surtout à tuer perfidement par son
venin.

Quelques naturalistes ont confondu la vipère
et la couleuvre. Aujourd'hui, tous les zoologistes
savent à quoi s'en tenir sur ces deux genres
d'ophidiens. La couleuvre est incapable de nuire.
Le caractère essentiel qui distingue la vipère de
la couleuvre est la présence, chez celle-là, de
deux crochets mobiles sur la mâchoire supérieure, communiquant avec deux glandes qui
sécrètent un venin très subtil, dont l'animal se
sert pour empoisonner sa morsure. Chez la
vipère anti-cléricale, ce venin s'appelle : la calomnie.

Lorsque la scélérate bête veut mordre, elle se
glisse dans un journal libre-penseur ou à la
tribune parlementaire ; là, elle se dresse, en faisant entendre un sifflement sinistre ; ses petits
yeux vifs s'injectent de sang ; elle s'enroule vivement autour de la jambe ou du bras de l'honnête homme à qui elle s'attaque : elle ouvre sa
gueule ignoble. Alors, dans ce dernier mouvement, le muscle élévateur de la mâchoire supérieure, en se contractant, presse la glande et faci-

lite la sécrétion du venin ; celui-ci sort du canal
excréteur, arrive à la base du terrible crochet et,
coulant le long d'une rainure intérieure, sort
par un trou situé à la pointe pour pénétrer dans
la blessure.

Heureusement, le clergé est assez robuste
pour ne pas succomber aux morsures empoison-
sées des vipères anti-cléricales. Mais, il n'en est
pas moins vrai que ces immondes reptiles sont
acharnés après lui, veulent sa mort, et, s'ils ne
réussissent pas à le tuer, lui rendent, tout au
moins, l'existence bien difficile. Le clergé français, particulièrement, est garanti des crochets
de la calomnie matérialiste par une triple cuirasse d'honnêteté, en cuir des plus solides, sur
lequel le dard de l'ennemi n'a guère de prise.

Comme il est aisé de le comprendre, la *vipera
julia-rocha* est un objet d'horreur universelle.
Même, elle est cordialement haïe et méprisée
par les autres animaux républicains de la Ménagerie Politique ; chacun, avec juste raison, se
méfie de ce reptile lâche, traître, dont la seule
jouissance est dans le crime accompli par bas-
sesse, ingratitude et perfidie.

NOTICE BIOGRAPHIQUE COMPLÉMENTAIRE

Celui-ci est un Français pur sang; mais nous n'avons guère lieu de nous flatter de l'avoir pour compatriote. Jules Roche n'est pas au nombre des hommes qui font honneur à leur pays; au contraire!

Il est né, le 22 mai 1841, à Serrières (Ardèche), dans la région même où la Loire prend sa source.

Sa famille est profondément catholique. Il est le neveu du vénérable Mgr Roche, mort évêque de Gap en 1880. Lui-même a reçu une éducation des plus chrétiennes. Il est élève du collège Stanislas; il a été ensuite au séminaire. Les prêtres qui l'élevèrent reconnurent néanmoins qu'il n'avait pas la vocation religieuse; c'était une nature foncièrement ingrate.

Au sortir des établissements religieux auxquels il devait son instruction et les meilleurs soins, il se destina au barreau. Il fit son droit à Paris. C'est cependant au barreau de Lyon qu'il demanda et obtint son inscription.

Il plaida plusieurs fois, mais sans se faire remarquer. En outre, son caractère en dessous n'était pas pour lui attirer les sympathies de ses collègues. Il allait bien encore à l'église, il fréquentait même les sacrements; mais il y avait dans son allure quelque chose de louche, et la confiance s'éloignait de lui; son apparente piété, on le sentait, n'était que de l'hypocrisie.

A vingt-sept ans, il se décida à jeter le masque. Le

6

faux dévot s'était mis en relation avec les sectaires
de la franc-maçonnerie et de la libre-pensée; on était
alors à la fin de l'Empire, et on avait fait miroiter à
ses yeux les honneurs politiques, en cas de changement de gouvernement. Jules Roche, pour satisfaire
son ambition, se vendit donc corps et âme, lui, l'ancien séminariste, aux ennemis de Dieu et de l'Église.
Abandonnant tous les amis de sa famille, tous ses
anciens amis, il fut un des candidats de l'opposition
dans l'Ardèche aux élections pour le conseil général
(1868). Il ne fut pas élu, mais il se compromit en
violant la loi électorale; ce qui lui valut un procès en
correctionnelle, où il fut condamné. L'année suivante, nous le voyons à la tête du comité radical qui
porta, — sans succès, il est vrai, — M. Hérold aux
élections pour le Corps Législatif, dans l'arrondissement de Tournon. C'est le même M. Hérold qui mourut, en 1882, préfet de la Seine, sous le gouvernement
du méprisable Grévy, et qui donna le premier scandale d'un enterrement civil officiel. On voit que le
candidat libre-penseur de Tournon était bien digne
d'être soutenu par un comité ayant pour président
un apostat.

En 1870, Jules Roche fonda au chef-lieu du département, un journal intitulé *l'Ardèche*, dans lequel il
vomissait régulièrement tout son fiel contre les prêtres
et contre les hommes d'ordre.

Au 4 septembre, il reçut enfin le prix de son apos-
tasie. Le gouvernement insurrectionnel le nomma
secrétaire général de la préfecture de l'Ardèche. Ne
perdons pas de vue qu'il avait alors vingt-neuf ans,

et que la place de cet avocat-journaliste était, non dans une administration, mais au régiment. Et c'est ce pleutre qui se réfugiait dans une préfecture à l'heure où il fallait faire son devoir de Français, c'est lui qui réclame aujourd'hui l'envoi des prêtres à la caserne, même en temps de paix !

Lors des élections de février 1871, il eut l'audace de se porter candidat pour l'Assemblée Nationale, dans ce même département où il avait été la preuve vivante du manque de patriotisme de certains républicains; ce chevalier de la couardise osa même prôner la guerre à outrance. C'était trop de cynisme. Les électeurs lui infligèrent un échec des plus piteux. Quant au gouvernement de M. Thiers, il s'empressa de révoquer un aussi triste sire, et Jules l'Apostat perdit son secrétariat général.

Par exemple, on ne sait quelles manœuvres il employa; mais, trois mois après, le cauteleux individu avait réussi à circonvenir le directeur du personnel au ministère de l'Intérieur, et un décret, obtenu par surprise, le réintégrait dans l'administration, en l'envoyant dans le Var. Il est juste de dire que le gouvernement ne tarda pas à reconnaître qu'il était décidément représenté par un bien triste personnage, et notre homme perdit de nouveau ses fonctions au bout de très peu de temps.

Alors, comme un nouveau Juif-Errant, Jules le Maudit traîne sa honte d'une ville à l'autre, collaborant partout à des journaux qu'il empoisonne de sa bave et ne parvenant nulle part à s'attirer l'estime des honnêtes gens; c'était, parbleu ! chose impossible.

L'Ardèche rougissant de lui avoir donné le jour, le gouvernement lui ayant retiré l'administration du Var, il va écrivasser dans le Jura, puis dans la Savoie, enfin à Paris. Il entra, notamment, à la *Justice*, lors de la fondation de ce journal par M. Clémenceau.

En 1870, les radicaux du quartier de Bercy l'envolent siéger au conseil municipal parisien; il avait signé un programme rouge sang-de-bœuf. Cette fois, Jules Roche va pouvoir distiller son poison du haut d'une tribune importante. Oh! il ne perd pas son temps. Sa rage s'exerce avant tout contre l'Église. Il soutient la thèse du refus absolu du budget des cultes, et il fait rejeter par l'assemblée communale toutes les dépenses obligatoires. Ensuite, dans un rapport sur les immeubles de la ville, il propose, le premier, l'expulsion des Sœurs de Saint-Vincent de Paul, ces saintes filles dont les sceptiques eux-mêmes proclament la vertu et le dévouement. Tout ce qui appartient à la religion, il l'attaque avec une haine furieuse, la haine de l'obligé ingrat contre son bienfaiteur.

Aux élections législatives du 21 août 1881, où il s'était porté candidat à Privas, à Paris et à Draguignan, il échoua dans les deux premières villes et fut élu dans le chef-lieu du Var. En 1885, il se porta non plus dans trois endroits, mais dans quatre; les départements où il posa de nouveau sa candidature sont ceux de la Seine, du Var, de l'Ardèche et de la Savoie. Il est à remarquer que ce personnage n'est jamais élu que par surprise dans une circonscription où il réussit à se glisser; mais, dès qu'on le connaît mieux, on n'en veut plus; c'est à qui se retirera de lui; il y a, à son égard, une répugnance instinctive. Ainsi, l'Ardèche, son pays natal, n'a jamais voulu de lui, malgré ses nombreuses tentatives. Le XII° arrondissement de Paris, qui l'avait élu conseiller municipal en 1879, ne lui a donné, pour la députation, en 1881, que 9,817 voix sur 12,818 votants. Le Var, dont il avait réussi à capter les suffrages en 1881, l'a rejeté en 1889, et cette fois c'est la Savoie qui l'a recueilli, en attendant de le rejeter à son tour. Rien n'est plus caractéristique que ce dégoût successif manifesté nettement par les divers électeurs que Jules l'Apostat a eu l'occasion de représenter. Remarquons, cependant, que la Savoie paraît être moins difficile que les autres départements, puisque ce triste personnage a réussi, en 1889, à se faire renouveler son mandat par les électeurs de la première circonscription de Chambéry; il est vrai que ce n'a pas été sans peine et qu'il a été fortement entamé par le candidat conservateur.

A la Chambre, il a continué sa campagne haineuse contre l'Église. C'est toujours de lui qu'émanent les propositions de lois anti-cléricales. — Voici, par exemple, quelques-uns des projets dont il a pris l'initiative : démolition de la chapelle expiatoire construite en mémoire de Louis XVI et de Marie-Antoinette; suppression de neuf archevêchés et de trente-deux évêchés; enlèvement des crucifix des salles publiques de tribunaux; confiscation des biens des congrégations religieuses, des séminaires et des paroisses; suppression du budget des cultes, et, à défaut, réduction dudit budget à huit millions ; abrogation du Concordat ; etc., etc. — Il a été rapporteur de la loi accordant des indemnités aux prétendues victimes du 2 décembre, loi dont l'application a donné lieu à tant de pots-de-vin aux frais des contribuables. Quand la République a commis le crime de suspendre l'inamovibilité judiciaire, Jules Roche, chargé du rapport sur le projet, a déclaré que, pour lui, il s'agissait surtout de chasser les magistrats coupables de professer des sentiments religieux.

Ainsi, c'est toujours l'Église que Jules l'Apostat veut détruire. C'est là le mobile de chacun de ses actes. Les prêtres ne lui ayant jamais fait que du bien, c'est précisément de ce bien qu'il prétend se venger. Il ne leur pardonne pas de lui avoir donné dans sa jeunesse l'instruction et le pain.

LE LIÈVRE

MÉLINE

Parmi les mammifères, et dans l'ordre des
rongeurs, se trouvent les léporiens qui forment
une famille très distincte; ce genre de rongeurs
est divisé en deux groupes : les lièvres et les
lapins. Sur divers points du globe, on trouve
diverses espèces ou variétés de lièvres; on en rep-

contre pour ainsi dire partout, sous toutes les latitudes, depuis les régions polaires jusqu'à l'équateur. L'espèce politique est le lièvre des Vosges, *lepus melinus agricola*, caractérisé par une tête de grosseur moyenne, un museau ahuri, de grands yeux saillants, de vastes oreilles, et des pattes, celles de devant, courtes, et celles de derrière, longues; cette différence de longueur entre les membres postérieurs et les membres antérieurs oblige l'animal à ne procéder que par bonds, soit qu'il marche, soit qu'il coure; et souvent ces bonds sont de véritables sauts, à tel point qu'il est arrivé à notre rongeur de sauter brusquement de l'Hôtel de Ville de Paris au palais de Versailles.

Le lièvre des Vosges, comme tous ses congénères, a des mœurs douces, paisibles et quelque peu taciturnes; sa timidité, qui est excessive, est devenue proverbiale. Un rien, le simple bruissement d'une question d'extrême-gauche, par exemple, suffit à l'effrayer, et l'orage d'une interpellation l'épouvante. Chez cet animal, la vue ne porte pas loin, et, en outre, son flair politique est souvent en défaut; mais en revanche, le sens de l'ouïe est chez lui très développé; le plus léger murmure des tribunes, mêmes loin-

taines, lui parvient et lui cause des terreurs
folles.

Son alimentation est exclusivement végétale :
elle se compose de racines sauvages de rappels
à l'ordre, de jeunes pousses de censures, d'herbes
piquantes d'exclusions temporaires, et d'écorces
ambres du petit local. Pour se procurer cette
nourriture, l'animal fuit le soleil et vagabonde
sous une immense coupole à lumière électrique,
qui donne le doux jour d'un superbe clair de lune.

Le lièvre des Vosges a le sommeil très léger
et d'un genre tout à fait spécial, qu'on nomme
le sommeil présidentiel; la voix, d'ordinaire
monotone, des perroquets orateurs et autres
oiseaux jaseurs législatifs l'endort, et on pourrait le croire éveillé, car il dort les yeux ouverts;
mais la moindre agitation des pupitres parlementaires le tire de son sommeil, et c'est alors
qu'on le voit bondir brusquement, hésitant toutefois dans ses sauts et ne sachant pas au juste
s'il doit tomber sur la droite ou sur la gauche; à
tout hasard, il se précipite des deux côtés, croyant
être environné de toutes parts par des ennemis.

Quoique faisant partie de la nombreuse famille
des léporiens opportunistes, le lièvre des Vosges
affectionne la solitude. Il n'a jamais cherché à

se creuser un terrier sénatorial inamovible, comme beaucoup de lapins de gauche. Au contraire, il vit à la lisière du bois législatif qui fait face à l'obélisque de la Concorde, sous le climat séquanien, descendant quelquefois dans la plaine ministérielle, ou gravissant les hauteurs désertes de la côte de la présidence. Pour abri, quelques mottes budgétaires lui suffisent; au besoin, il se couche dans le sillon d'un sous-secrétariat de l'intérieur. Il fréquente peu les vignes de la buvette; mais, d'autre part, il aime assez folâtrer dans les bruyères des commissions.

C'est à tort qu'un certain nombre d'auteurs représentent le lièvre comme un animal stupide. Il est loin d'être courageux, certes; mais sa timidité, bien que poussée jusqu'à la poltronnerie, ne l'empêche pas de déployer une certaine sagacité, quand il s'agit pour lui de dépister les chiens de la concurrence électorale; il sait fort bien, dans les circonstances critiques de la réélection, mettre en défaut les limiers de la meute radicale, et les chasseurs de scrutin rentrent bredouille, n'ayant pas réussi à le débusquer de sa circonscription.

Enfin, le lièvre des Vosges, quoique difficile à apprivoiser, se laisse néanmoins dresser et devient, s'il le faut, lièvre savant. Devant le public, à la grande foire parlementaire, il fait battre le tambour par les vieux lapins qui lui servent d'escorte, et lui-même, il sait à merveille se servir de la sonnette. Le plus étonnant de ses exercices est celui qui consiste à faire le tour de la société, à y choisir un paysan à l'air bonace, à grimper sur ses genoux, et à lui attacher adroitement à la boutonnière un ruban dit de l'ordre du Mérite Agricole.

NOTICE BIOGRAPHIQUE COMPLÉMENTAIRE

M. Félix-Jules Méline est né, le 20 mai 1838, à Remiremont (Vosges). Il fit son droit à Paris, et, pendant sa jeunesse d'étudiant, collabora aux journaux du quartier latin, tels que *le Travail*, *la Jeune France*, etc. Après avoir obtenu le grade de licencié, il s'inscrivit au barreau de la cour d'appel de Paris.

Il ne faisait guère parler de lui; mais ses camarades du Palais le savaient républicain. Aussi, au 4 septembre, les amis qui avaient escaladé le pouvoir songèrent au doux Méline et le nommèrent adjoint au maire du Ier arrondissement de la capitale.

Dans ces fonctions, le jeune avocat se montra affable, conciliant, faisant bon accueil à tous. Il ne

craignait pas de donner des cordiales poignées de
main aux révolutionnaires-socialistes eux-mêmes.
Cette amabilité excessive lui eut bientôt gagné
tous les cœurs; dans le 1ᵉʳ arrondissement, on ne
jurait que par l'adjoint Méline; et, comme il était
toujours de l'avis de celui qui lui parlait, de crainte
de le heurter, les radicaux, aussi bien que les modérés, le comptaient comme un des leurs.

Sur ces entrefaites, le siège prend fin, une Assemblée Nationale est élue, et le mouvement insurrectionnel du 18 mars se produit. A Paris, on procède à
l'élection d'une Commune révolutionnaire. Le bon
Méline, qui n'avait nullement sollicité le mandat de
siéger à l'Hôtel de Ville, est tout stupéfait, le lendemain du scrutin, de se voir proclamé membre de
la Commune par les électeurs du 1ᵉʳ arrondissement. Il va cependant à l'Hôtel de Ville, pour se
rendre un peu compte de ce qu'il lui arrive, est littéralement épouvanté à l'aspect des collègues farouches
que le suffrage des Parisiens lui donne, signe sa
démission dès l'ouverture de la première séance, et,
ne sachant que devenir, lâche tout, même son écharpe
d'adjoint, pour aller se réfugier à Versailles.

Quelque temps après, une élection partielle dans le
département des Vosges le fit entrer à l'Assemblée
Nationale (20 octobre 1872). En homme accommodant,
il s'inscrivit à la fois au groupe de la gauche républicaine (opportunistes) et à celui plus avancé de l'union
républicaine (radicaux non intransigeants). Il vota
l'amendement Wallon et l'ensemble des lois constitutionnelles.

Réélu le 20 février 1876, dans son arrondissement natal, il continua, à la Chambre comme à l'Assemblée nationale, à se tenir dans les meilleurs termes avec les différentes fractions de la gauche. Pourtant, en une circonstance, il se sépara carrément des radicaux ; ce fut à l'occasion de la proposition de l'amnistie. Pensez donc ! Il avait lâché les communards avec un si bel entrain ! Que lui serait-il arrivé, grands dieux, si tous ces vilains diables rouges étaient revenus de la Nouvelle-Calédonie ? Bien sûr, ils lui auraient fait passer le goût du pain ! Donc, pas d'amnistie.

Au 14 octobre 1877, après la dissolution de la Chambre, il fut réélu de nouveau, en qualité de 363. A la démission du maréchal de Mac-Mahon, M. Grévy ayant chargé M. Waddington de constituer un cabinet, celui-ci confia à M. de Marcère le portefeuille de l'intérieur, et M. de Marcère, à son tour, prit le timide Méline pour sous-secrétaire d'Etat (4 février 1879). A peine était-il à ce poste, patatras ! voilà la *Lanterne* qui mène une campagne vigoureuse contre la préfecture de police et contre M. de Marcère, par-dessus le marché ; M. de Marcère, malmené par la gauche, donne sa démission ; notre pauvre Méline, qui n'était pour rien dans tout ce grabuge, à qui personne ne cherchait noise, s'imagine que les radicaux lui en veulent, à lui aussi, et, perdant la tête, il démissionne à son tour (4 mars).

Membre de la commission du tarif général des douanes, il fut un des rapporteurs du projet, et c'est lui qui, dans la solennelle discussion générale à laquelle il donna lieu, fut chargé d'en défendre les

tendances protectionnistes contre les principes libres-
échangistes du ministère : dans cette discussion, les
passions politiques ne risquaient pas de beaucoup
s'échauffer ; aussi, M. Méline accepta-t-il d'être un
des porte-paroles de la commission (février 1880).

Aux élections générales du 21 août 1881, il fut
réélu, pour la troisième fois, dans l'arrondissement
de Remiremont.

Le 21 février 1883, M. Jules Ferry, ayant été chargé
de constituer un ministère après la chute du cabinet
Gambetta, choisit son compatriote Méline pour être
un de ses collaborateurs. Bien entendu, il ne fallait
pas placer le doux Méline à l'intérieur ; pour une fois
qu'il avait eu le sous-secrétariat d'État de ce départe-
tement, il avait été effrayé, pour le restant de ses
jours, des responsabilités d'un tel poste. M. Jules
Ferry confia donc à son compatriote le portefeuille
de l'agriculture ; encore, celui-ci dut-il, avant d'accepter, s'informer s'il n'y avait rien de dangereux à
présider aux destinées des légumes, céréales et autres
végétaux.

Pendant son passage au ministère, M. Méline se
signala par la création d'un ordre nouveau de décoration, le Mérite agricole, destiné à récompenser les
services rendus à l'agriculture (7 juillet 1883). Du
reste, cette décoration est tout ce que la République
a imaginé en faveur des travailleurs de la campagne ;
encore ne l'accorde-t-elle, bien entendu, qu'aux campagnards dévoués à sa politique. Jamais, sous aucun
régime, la population des champs n'a été autant
écrasée par les contributions de toutes sortes, que

sous le gouvernement républicain. Marianne accable d'impôts les paysans, elle les ruine, mais elle les décore !

Le 29 mars 1885, — c'est-à-dire, jour pour jour, cinq ans après que M. Jules Ferry avait signé les décrets d'expulsion des congrégations religieuses, — la nouvelle du désastre de Lang-Son arrivait à Paris et causait le renversement immédiat du ministère présidé par l'homme néfaste, par l'ennemi de l'Église. M. Méline résigna donc son portefeuille. Mais l'opinion publique ne le rendit pas solidaire des actes de M. Jules Ferry, et, aux élections du 4 octobre de la même année, il fut réélu, pour la quatrième fois, député des Vosges, le premier sur la liste opportuniste.

Au 22 septembre 1889, le scrutin uninominal ayant été rétabli, il s'est porté candidat dans l'arrondissement de Remiremont et a été réélu député pour la cinquième fois, avec une majorité de 1,282 voix sur son concurrent conservateur, M. Flayelle.

Au cours de la dernière législature, la présidence de la Chambre s'étant trouvée vacante par suite de la démission de M. Floquet, devenu premier ministre (4 avril 1888), ce fut l'inoffensif Méline qui, n'étant antipathique à aucun groupe, fut choisi pour son successeur.

Après un président fulminant à tout propos et infatué de sa personne, les députés ont donc eu un président timoré et d'une modestie poussée à l'extrême. Et rien n'a été plus amusant à voir que le spectacle de ce président de Chambre, qui, au milieu des orages parlementaires, ne savait plus à quel saint se vouer, et qui, pour terminer des débats trop irritants, levait tout simplement la séance et prenait la fuite, en oubliant même quelquefois d'emporter son chapeau.

LE CANARD

WILSON

Couin ! couin ! voici le canard... Demandez le canard ! couin ! couin !... voilà le canard !... Voyez-vous ce palmipède qui s'avance, cancan-nant et frétillant du derrière ?... C'est le canard wilsonien, *anas wilsonica*, le favori du macaque.

L'animal est d'origine anglaise et appartient à

la famille des canards musqués. Il s'est acclimaté
en France, dans les dernières années de l'Empire.

A propos du canard, nous devons reconnaître
que les Chinois, dont nous nous moquons tant
dans notre pays, ne sont pas précisément des
imbéciles ; et la preuve, c'est que ces citoyens-là
sont les premiers éleveurs de canards qui existent
sur le globe. On leur doit, notamment, l'inven-
tion d'un appareil, nommé le « bateau-canard »,
qui est tout ce qu'il y a de plus ingénieux.

Ces bateaux, dont les plus grands ont jusqu'à
quinze mètres de long et offrent une habitation
pour le gardien, présentent de chaque côté une
plate-forme à claie entourée de treillages, où
sont enfermés les volatiles. Une planche oblique
et flottante, placée à l'arrière, leur sert de pont
pour descendre à l'eau. Les canards, assure-t-on,
reconnaissent très bien là leur demeure, et ils y
rentrent comme dans une basse-cour. Ce moyen
d'élevage est, paraît-il, excellent et produit les
meilleurs résultats.

Un bateau de ce genre a été construit, il y a
quelques années, à Paris ; il avait pour gardien
le *macacus billardensis*, dont nous avons parlé
plus haut. Le macaque est, en effet, canardi-

culteur passionné; mais son favori, c'est le canard wilsonien. Pourquoi le préfère-t-il aux autres palmipèdes de son ancien bateau élyséen? On l'ignore, et il l'ignore sans doute lui-même.

Cette bizarre affection du singe ex-présidentiel n'est nullement raisonnée. Elle n'a paru guère payée de retour, en outre; car l'*anas wilsonica* se montra un ingrat de la pire espèce.

Et pourtant, le macaque lui avait créé une existence des plus heureuses. Le bateau élyséen était remarquablement construit et aménagé aux frais des contribuables. Rien n'y manquait : la paille financière y abondait; le grain budgétaire, qui est, on le sait, de la meilleure qualité et de la plus nourrissante, y tombait à pleins sacs dans les mangeoires; l'eau courante des petits bénéfices y coulait à profusion; et, quand le canard favori était quelque peu indisposé, vite on lui donnait, pour réchauffer son estomac malade, des pots-de-vin bien chauds et bien sucrés.

Qu'est-ce que le canard wilsonien pouvait souhaiter de plus?

Eh bien, malgré tous ces soins, malgré ces délicates attentions du macaque, le favori du bateau se conduisait comme un vulgaire polichinelle. Sa vie n'était pas celle d'un canard, mais

bien celle d'un oison des plus écervelés. Au lieu
de rester à bord, le volatile fantasque s'en allait
courir la prétentaine, donnant partout de déplorables exemples, s'absentant du bateau plus que
de raison, faisant le désespoir de sa cane, qu'il
plantait là pour folichonner dans les basses-cours
du Café Anglais. Quand il revenait au bateau élyséen, il était, le plus souvent, dans un état
pitoyable, détraqué, n'en pouvant plus, ayant
laissé les plumes de ses ailes un peu par tous
les coins.

Et avec cela l'animal se multipliait d'une façon
étonnante. Sur tous les points du territoire, on
ne rencontrait plus que des canetons dont il était
le père, et qu'on nommait les « canards Petite-
France »; il y en avait au Nord, à l'Est, à
l'Ouest, partout enfin. Mal soignés, ces petits
canards ne se soutenaient que par artifice. Ils ne
mangeaient que lorsque leur père avait réussi à
détourner à leur profit quelques grains du budget. Un ou deux seulement de ces canetons
vivent encore.

L'*anas wilsonica*, dépourvu, au reste, de tout
scrupule, volait et pillait, maraudait de-ci de-là,
si bien qu'un jour il fut pincé dans une basse-
cour appelée la « Bourse », et il y fut plumé

d'importance; de tous côtés, on dit même qu'il fut exécuté. Notre volatile s'en tira, pourtant, en se réfugiant chez sa sœur, qui était alors une cane opulente. Celle-ci, pour le sauver, sacrifia un grenier historique dont elle était fière. Puis, le canard wilsonien rentra au bateau du macaque. Souvent grondé, toujours pardonné, recommençant sans cesse ses fredaines, traité, en un mot, en enfant gâté, le canard wilsonien se moquait de tout et du reste, comme de Colin-Tampon. Il était aussi fantaisiste en tout, que son protecteur était grave.

Mais ce dévergondage insensé ne pouvait durer toujours sans scandale. Un jour, la mesure fut comble; et, toute la ménagerie politique trouvant qu'il y en avait assez, le canard wilsonien et son protecteur le macaque, compromis avec lui, furent honteusement chassés du domaine élyséen, que pendant neuf ans ils avaient accaparés.

NOTICE BIOGRAPHIQUE COMPLÉMENTAIRE

Encore un Français de contrebande, le citoyen Daniel Wilson. Bien que né à Paris, le 6 mars 1840, il est d'origine anglaise. Et nous en trouverons encore

7.

pas mal d'autres, parmi nos républicains parlementaires, qui n'ont guère que du sang étranger dans les
veines !

Jusqu'à l'âge de vingt-neuf ans, Daniel Wilson ne
manifesta aucune tendance qui pût faire supposer
qu'il serait un jour un homme politique. Possesseur
d'une belle fortune qui lui venait de sa famille, il
menait la vie à grandes guides, jetant l'argent par les
fenêtres, passant les nuits dans les restaurants à la
mode. Il gaspillait en folles orgies ce qu'il possédait
et c'est un soir, entre compagnons de débauche, à la
suite d'un souper fin où l'on avait bu plus que de
raison, qu'un pari s'engagea, en manière de plaisanterie outrée. Il s'agissait de porter un défi au bon sens
public. Grisé par les fumées du champagne, le beau
Daniel paria qu'il se porterait candidat aux prochaines
élections au Corps Législatif et qu'il passerait.

Justement, il était, avec sa sœur Mᵐᵉ Pelouze, propriétaire du magnifique château historique de Chenonceaux, en Indre-et-Loire. Il posa donc sa candidature (en mai 1869) dans l'arrondissement de Loches;
mais, comme il n'avait absolument aucune opinion,
il s'intitula candidat indépendant. On sema l'or à
pleines mains; on prodigua aux paysans tourangeaux
les promesses les plus insensées; bref, on se remua
si bien, qu'au premier tour de scrutin le beau Daniel
réunit 12,210 voix, tandis que son concurrent officiel,
M. Mame, le grand imprimeur et éditeur catholique,
homme des plus honorables et des plus considérés,
qui avait jusqu'alors représenté l'arrondissement,
obtenait 12,097 suffrages. L'écart n'était pas grand;

et, vu le ballottage, M. Mame pouvait espérer regagner le terrain perdu. Mais, humilié de se voir distancé par un pareil pantin, ne fût-ce que d'une centaine de voix, il préféra abandonner la lutte. On sait à quel point les substitutions de candidatures entre deux tours de scrutin sont désastreuses pour un parti. Aussi, au second tour, 7,478 électeurs seulement votèrent pour M. Duval, le nouveau candidat de l'ordre, et le beau Daniel fut élu avec une majorité de 11,000 voix. Le soupeur du Café Anglais avait gagné son pari.

D'autre part, ses gaspillages avaient dépassé tant et tant la mesure, que sa famille dut le faire interdire. Et l'on assista à ce spectacle étrange d'un député chargé de voter les lois de son pays et pourvu d'un conseil judiciaire.

Au Corps législatif, Wilson siégea dans l'opposition modérée ; on lui doit cette justice qu'il vota contre la guerre. C'est dans cette assemblée qu'il se lia avec M. Grévy, dont il devait devenir plus tard le gendre et l'associé pour le commerce en grand des pots-de-vin. Après le 4 septembre, M. Grévy se retira à Tours et devint l'hôte du châtelain de Chenonceaux. Dès lors, l'intimité s'établit entre les deux compères.

Au 8 février 1871, élections pour l'Assemblée nationale (au scrutin de liste) : Wilson est élu, le cinquième, dans l'Indre-et-Loire, par 31,302 voix.

Voici les suffrages qu'il a obtenus aux autres élections qui ont suivi : — Au 20 février 1876, élections a u scrutin d'arrondissement, 8,274 voix dans l'arrondissement de Loches. — Au 14 octobre 1877, même scrutin, 8,457 voix. — Au 21 août 1881, même scru-

tin, 11,099 voix. — Au 4 octobre 1885, élections au
scrutin de liste, 40,018 voix.—Au 22 septembre 1889,
il a renoncé à poser sa candidature.

A l'Assemblée nationale, et ensuite à la Chambre,
le beau Daniel a toujours siégé à gauche ; le parti
républicain ne peut donc nier qu'il soit un des siens.
Cependant, Wilson, qui ne s'était pas lancé dans la
carrière parlementaire par amour platonique de la
République, eut toujours soin de ne pas intervenir
dans les débats purement politiques. Il se réserva
d'une façon exclusive pour les questions financières.
Il réussit constamment à se faire nommer membre
des commissions chargées d'examiner les propositions
pouvant donner sujet à des tours de bâton. Par
exemple, il se glissa dès le début à la commission du
budget; en 1878, il en fut le rapporteur général ; plus
tard, il en devint président. Ses fonctions le mettaient
en contact avec tous les fournisseurs de l'Etat. Au
28 décembre 1879, il entra dans le cabinet Freycinet
comme sous-secrétaire des finances ; le ministère
Ferry, qui remplaça celui-ci, le garda dans sa combinaison. Mais le coup de maître de Wilson fut de se
faire agréer comme gendre par le président de la
République: il épousa Mlle Alice, fille unique du vieux
Grévy ; le mariage fut célébré le 22 octobre 1881.

Dès lors, l'Élysée devint une véritable caverne de
brigands. La France fut mise en coupe réglée. Le vol
fut élevé à la hauteur d'une institution. Tout se vendait, dans les hautes sphères du pouvoir. Wilson
avait des courtiers qui allaient proposer la décoration
aux négociants et industriels avides de réclame ; la

croix d'honneur, la croix des braves, qui ne devrait
être acheté qu'au prix du sang versé pour le service
de la patrie, était payée, en espèces sonnantes, jusqu'à
deux cent mille francs. Les hôtes de l'Élysée nom-
maient trésoriers-payeurs généraux des gens sans
le sou, fournissaient leur cautionnement, et prenaient
la grosse part des bénéfices de ces sinécures. Wilson
et son beau-père intervenaient pour faire adjuger des
fournitures de guerre ou d'administration, et l'adjudi-
cataire leur versait des pots-de-vin monstrueux. Une
dame du grand monde, plaidant en séparation contre
son mari et n'ayant pas obtenu en première instance
la garde de ses enfants, va voir Wilson, lui remet
cinq cent mille francs, et elle gagne son procès en
appel. Les faits de ce genre sont innombrables.
Wilson, pour réaliser des capitaux, vend Chenonceaux de concert avec sa sœur; Mme Pelouze rachète
seule le château; la vente se fait à quatre cent mille
francs, et le Crédit Foncier, banque dont les directeurs et administrateurs sont nommés par l'État,
prête immédiatement huit cent mille francs sur
l'immeuble.

Wilson n'affranchissait même plus ses lettres (nombreuses à cause de ses journaux); il frustra ainsi le
trésor de sommes considérables. Enfin, lors d'un
incident de frontière, il abusa du secret des dépêches
diplomatiques pour agioter à la Bourse; il escompta
une guerre avec l'Allemagne; la guerre n'eut pas lieu,
et le beau Daniel, qui avait engagé plusieurs millions
dans cet agiotage infâme, fut à moitié ruiné. Chenonceaux dut être vendu, pour de bon, cette fois. Un

procès, — l'affaire Limousin-Caffarel, — imaginé par
les opportunistes pour compromettre le général Boulanger laissa celui-ci parfaitement indemne, et fit, au
contraire, découvrir les scandales de l'Élysée. Monsieur
Gendre fut condamné à deux ans de prison pour
ses odieux trafics. Le jugement ne fut pas confirmé
en appel, il est vrai. Mais la lumière était faite :
Wilson et son beau-père furent chassés honteusement des palais nationaux.

Les biographes complaisants ont écrit que Wilson
est un homme politique des plus capables. Je crois
bien ! c'est un gaillard capable de tout.

LE REQUIN

TOLAIN

Le requin est le tigre de la mer. Sa force, son agilité, son naturel féroce et sanguinaire, en font un ennemi redoutable pour quiconque se trouve exposé à ses atteintes ; aussi, a-t-il acquis de très bonne heure une fâcheuse célébrité. Son nom même de *requin* (altération du latin *requiem*, messe des morts) a une signification sinistre, sur laquelle il serait superflu d'insister.

En zoologie, les requins forment, dans le grand groupe des squales, une section très caractéristique, que plusieurs auteurs ont élevée au rang de genre distinct. Aussi, le requin politique, que nous allons étudier, est-il dénommé squale international, *squalus tolainus internationalis*. Ce dernier qualificatif vient de ce que le terrible poisson s'est signalé d'abord, on fait de premiers ravages, dans la grande Mer de l'Internationale, si dangereuse pour les navigateurs en général et pour la marine de commerce en particulier.

Les voyageurs ont raconté les combats qu'ils ont eu à soutenir contre ce lugubre héros de la dévastation sociale. Conduisant une bande de ses pareils, dont le quartier général semble établi dans un golfe vaseux où se déversent les égouts de la démagogie, il se ruait à l'assaut des navires, dès l'année 1864. Tous les bâtiments étaient attaqués par ces monstres marins. On est saisi d'horreur et de crainte quand on songe avec quelle assiduité, avec quel acharnement les squales internationaux suivent les vaisseaux où ils espèrent, à la faveur d'un naufrage, trouver une proie, et avec quelle sauvagerie ils se jettent sur les êtres, même vivants, qui deviennent leurs victimes.

Par les temps calmes, ces hideux animaux ne craignent pas de se montrer à la surface des flots; ils sont d'une audace sans pareille. Ils se réunissent par bandes appelées « clubs », et, dans leurs ébats, font un vacarme infernal. S'ils voient que les navires qu'ils guettent s'apprêtent à leur donner la chasse, ils ont bien vite disparu dans l'océan et se cachent parmi les profondeurs sous-marines de la conspiration. — Les plus violentes tempêtes ne les effraient pas; au contraire, ils savent que les grandes tourmentes occasionnent des naufrages et fournissent des victimes à leur voracité socialiste. Le tumulte même d'un combat naval ne les empêche pas de s'approcher des navires, pour attendre les morts ou les blessés qui tombent à la mer. C'est ainsi qu'en 1871, les requins internationalistes accomplirent leurs plus abominables exploits; le vaisseau *la France* venait d'être vaincu par le vaisseau *la Prusse* dans une longue et sanglante bataille; les squales cruels profitèrent de cette défaite pour faire leur proie de *la France* épuisée par la lutte. — Une particularité à noter : les loups, dit-on, ne se mangent pas entre eux; il n'en est pas de même

des requins. Ces monstres sont tellement avides
et voraces, que très souvent ils se battent entre
eux avec furie, surtout lorsqu'un des individus
de la bande arrive trop tard pour prendre sa part
de la proie commune.

Le *squalus tolainus internationalis*, à l'origine,
vivait aux environs d'un banc de sable, appelé
« Banc des Ciseleurs ». Aujourd'hui, une tribu
de sauvages, de la race des Electeurs-Séquaniens
ou Mohicans de Paris, a placé le monstre marin
dans un vaste aquarium sénatorial situé au
Luxembourg ; et comme ces sauvages, ne vou-
lant pas adorer le vrai Dieu, ont besoin d'un
fétiche, d'une idole, d'un gri-gri, à l'instar de
tous les sauvages, ils rendent un véritable culte
au vieux requin de la Mer Internationale. Ce
squale, au museau déprimé et aux dents poin-
tues, est l'objet de mille soins et d'une réelle
vénération. On le nourrit, précieusement, en lui
jetant chaque jour vingt-cinq francs de viande
budgétaire. On fait, de temps en temps, autour
de ce manitou, des réunions publiques, où les
sauvages révolutionnaires, altérés de sang comme
leur idole, exécutent la lugubre danse du scalp.

NOTICE BIOGRAPHIQUE COMPLÉMENTAIRE

Nous avons l'honneur de présenter au public le type parfait de l'ouvrier roublard, qui, sous prétexte de socialisme, se lance dans la politique pour en vivre et arrive finalement à être un gros bourgeois budgétivore.

Louis-Henri Tolain est né à Paris, le 18 juin 1828. Ses parents, qui étaient de modestes ouvriers, lui firent apprendre de bonne heure l'état de ciseleur en bronze; il l'exerça, dans divers ateliers de la capitale, jusqu'à l'âge de trente-huit ans : c'est, en effet, en 1866, qu'il abandonna définitivement le burin. Toutefois, il s'occupa de politique dès 1863. A cette époque, il avait été nommé par ses camarades d'atelier membre de la commission ouvrière pour l'exposition de Londres; il fit donc partie des délégués envoyés en Angleterre pour étudier les produits industriels des diverses nations. Mais Tolain, en qui le feu de l'ambition couvait depuis longtemps, mit surtout à profit son voyage pour se créer des relations avec les socialistes anglais, allemands et russes.

A son retour en France, il se livra carrément à la propagande révolutionnaire dans les ateliers, excitant les ouvriers contre les patrons, pérorant en outre dans les clubs pour déclarer que « l'organisation actuelle du travail est une digne exploitation de l'homme par l'homme » et que « le capital des employeurs doit disparaître devant l'outil des employés ».

En 1863, il signa, avec cinquante neuf têtes-brûlées des ateliers parisiens, un manifeste demandant que les candidats de l'opposition du Corps législatif fussent des ouvriers. Et, naturellement, pour donner le bon exemple, il posa sa candidature aux élections générales qui eurent lieu cette même année, en s'intitulant « candidat des ouvriers de Paris ».

C'est dans la V° circonscription qu'il se présenta. En choisissant de préférence cette circonscription, il prouva qu'il manquait de flair; car les habitants du V° arrondissement comptent parmi eux bon nombre d'esprits gouailleurs; aussi, la candidature Tolain ne fut-elle pas prise au sérieux.

On raconte qu'un jour, dans une réunion publique, il fut l'objet de la risée générale, à la suite d'une interruption quelque peu grasse, mais spirituelle pourtant, lancée par un électeur en veine de plaisanterie. Tolain était à la tribune et débitait son boniment. « Oui, citoyens, hurlait-il, les patrons ne sont que des exploiteurs; il faut les supprimer. A bas le capital et vivent les travailleurs ! Ouvriers des villes et des campagnes, c'est à vous que tout appartient. Levez-vous, et cessez d'être des mercenaires, cessez d'être les esclaves de l'infâme bourgeoisie ! L'usine doit être la propriété des ouvriers; le magasin et ce qu'il renferme doivent, selon le vrai droit, appartenir aux employés; la terre doit être aux paysans; la maison, aux maçons et aux charpentiers qui l'ont construite ; l'étoffe, aux tisseurs; le navire, aux matelots; la mine, aux mineurs... — Et la m...archandise, aux vidangeurs ! » s'écria, en manière de conclusion, un électeur facélieux. Tolain ne put reprendre son discours, tant l'hilarité de la foule était grande. C'était à qui lui décocherait une épigramme, chaque fois qu'il ouvrait la bouche. On se tordait littéralement. Le candidat dut quitter la séance, couvert de ridicule. Il ne recueillit, au jour du scrutin, qu'un nombre tout à fait insignifiant de suffrages.

Mais arrivons à l'acte le plus important de Tolain : la fondation de l'Internationale. En 1861, au mois de septembre, le ciseleur politicien se rendit à Londres avec deux camarades, les frais du voyage étant payés par un petit noyau d'ouvriers socialistes qu'il avait groupés. Là, Tolain trouva quelques autres ouvriers venus de différents pays et auxquels il avait donné rendez-vous; et l'on décida l'organisation d'une vaste société internationale, ayant pour but « le complet affranchissement de la classe ouvrière », et, comme moyen pratique, ayant pour objet « de rendre les ouvriers de tous les pays solidaires des grèves et de généraliser au besoin ces grèves dans certaines circonstances ». On créa un conseil général international et les adhérents s'engagèrent à constituer, partout où ils le pourraient, des groupes distincts, nommés *sections*, correspondant avec le conseil général et recrutant des affiliés dans tous les pays, « sans distinction de couleur, de croyance ou de nationalité ». En outre, chaque année, cette fédération devait tenir un congrès. C'est ainsi que le premier congrès se tint à Genève (1866); le second, à Lausanne (1867); le troisième, à Bruxelles (1868); le quatrième, à Bâle (1869), etc. A Paris, la section, à la tête de laquelle s'était placé Tolain, portait le titre de « section des Gravilliers », du nom de la rue où se trouvait le siège social.

Au fond, l'Internationale était une formidable machine politique à l'usage des agitateurs ambitieux ; la preuve en est dans ce que les fondateurs de l'association acceptèrent comme affiliés des hommes qui n'appartenaient nullement à la classe ouvrière, tels que Jules Simon, Charles Beslay, Gustave Chaudey, Henri Martin, etc. Au surplus, sitôt qu'elle se sentit forte, l'Internationale, démentant son programme soi-disant économique, ne manqua pas de faire œuvre de société politique : c'est ainsi que ses groupes parisiens prirent part, en novembre 1867, aux manifestations qui eurent lieu soit en l'honneur de Manin, soit contre la réoccupation de Rome par les troupes impériales. Le gouvernement poursuivit les chefs et prononça la dissolution de la société. Elle n'en continua pas moins à exister.

Tolain avait alors complètement quitté l'atelier et ne vivait plus que de la politique. Sous le gouvernement dit de la Défense nationale, il fut nommé adjoint au maire du XIe arrondissement, et, lors du scrutin du 8 février 1870, les électeurs de la Seine l'envoyèrent siéger à l'Assemblée nationale; dans le désarroi des événements, il obtint 89,132 voix. Au moment de l'insurrection de Paris, il fut un des députés qui convoquèrent les citoyens pour élire la Commune, et, comme son digne collègue Tirard, il lâcha ses amis dès qu'il vit que les révolutionnaires étaient voués à un écrasement certain. Sa conduite hypocrite, en cette circonstance, lui valut le mépris des deux camps.

Après avoir ainsi louvoyé, il voulut conserver au moins la faveur des radicaux, à défaut de celle des révolutionnaires. C'est pourquoi, à l'Assemblée de Versailles, il vota constamment avec l'extrême-gauche bourgeoise. Cette attitude lui valut un siège de sénateur aux élections du 30 janvier 1876; il avait alors complètement dépouillé la blouse de l'ouvrier; le compagnon ciseleur était devenu « môssieur Tolain, sénateur de la Seine ».

Au Sénat, comme à l'Assemblée de Versailles, l'ex-ouvrier embourgeoisé a montré, en toute occasion, sa profonde incapacité. Pour ne pas être oublié, il porte de temps en temps à la tribune des propositions abracadabrantes. Cela l'empêche de passer inaperçu; mais cela montre aussi sa réelle nullité. Il est le Madier-Montjau du Sénat. Des accès de rage, des interruptions furibondes quand un membre de la droite est à la tribune, des gestes d'épileptique, des cris incohérents, et voilà tout.

En somme, il est parvenu à ses fins. Le bien-être des ouvriers était le dernier de ses soucis; l'essentiel, pour lui, était de se caser dans une fonction publique, gratifié de beaux émoluments, aux dépens des contribuables. Il a réussi; il a sa sinécure, son fromage de Hollande. Lorsque fut votée la loi contre l'Internationale, il a protesté pour la forme. Cela lui était bien égal qu'on édictât des peines contre quiconque ferait désormais partie d'une association révolutionnaire socialiste : ses anciens camarades d'atelier

avaient été fusillés pendant la Semaine Sanglante de
mai 1871 ; leurs cadavres lui avaient servi de piédestal.

Maintenant, il est bourgeois à outrance ; il dédaigne
le prolétaire ; il se frotte aux ministres ; il va, en
queue-de-morue, aux bals de l'Élysée ; il préside le
grrraand comité qui s'est donné la mission de réconcilier les bourgeois de l'opportunisme avec les bourgeois du radicalisme. Et tous ces farceurs l'exhibent
au peuple, dans les moments difficiles, en disant :
« Braves travailleurs, voyez à quel point nous vous
aimons, puisque nous faisons présider nos réunions
par un des vôtres, par un ouvrier ! »

Pauvre peuple, comme cette clique de gredins se
moque de toi !

LA SOURIS BLANCHE

DE FREYCINET

Mammifère omnivore de la famille des muriens,
la souris est une des espèces les plus connues
dans le genre rat, qui pullule sur toute la surface du globe. Il y a plusieurs variétés dans
l'espèce souris ; mais nous ne nous occuperons
ici que de la souris blanche, l'albinos du genre,

8

la souris la plus familière, celle qui s'apprivoise
assez aisément, et que quelques personnes
s'amusent à élever dans une sorte de domesticité.
Encore, nous décrirons seulement, parmi les
souris blanches, la variété politique, si connue
dans le monde des naturalistes sous le nom de
mus freycinetus ingeniosus, qu'il ne faut pas con-
fondre, certes, avec le rat d'égout, *mus aragotus
cloacalis*, ni avec le mulot, *mus macetus rusticus*.

La souris blanche, avant de devenir un rongeur politique, grignotait des paperasses dans
les bureaux de l'administration des chemins de
fer du Midi. En 1870, elle se faufila dans une
ménagerie ambulante, dont le plus bel ornement
était un lion génois. Puis, pendant longtemps,
elle disparut. Nous la retrouvons, en 1876, s'ins-
tallant dans une encoignure du Sénat, où elle a
établi très solidement son nid.

Voyez, à travers les dédales des corridors parlementaires, trottinant menu, ce petit animal
d'aspect si gentil et si gracieux. Ah !... il s'arrête
et, assis sur son train de derrière, il se met à lus-
trer délicatement ses fines moustaches et les
petites mèches soyeuses qui couvrent sa tête.

Que se passe-t-il ?... Du bruit ? La souris
blanche a dressé les oreilles ; ses yeux rouges et

mignons regardent craintivement à droite et à gauche ; la petite bête cherche à s'orienter.

Paf! un bond, et elle saute sur la tribune. A peine l'a-t-on vue, qu'elle a disparu et est déjà tapie dans le portefeuille du président de la commission militaire...

Elle flaire un instant... Non, ce n'est pas encore là une place sûre ; elle ne se croit pas suffisamment à l'abri, et, vlan ! elle part à fond de train, essayant d'escalader un autre fauteuil, ailleurs, celui du chef de l'Etat.

Mais la souris blanche a mal calculé son élan, le fauteuil est trop élevé, et elle retombe par terre, poussant un petit cri de douleur, tournant autour du siège, cherchant encore à y grimper... Vaines tentatives... Ce n'est que là, cependant, qu'elle se croira en sûreté.

Oh! qu'est-ce que ceci?... Le tiroir vide de l'ancien président du conseil des ministres?... Vite, blottissons-nous-y, et rongeons quelques morceaux de papier, quelques bouts de budget, pour aiguiser nos dents... Et, dans le silence du cabinet, on entend le léger grignotement du rongeur.

Tout à coup, le cric-crac s'arrête... Qu'est-ce encore?... On crochète des serrures de couvents,

on enfonce des portes de monastères... Oh ! oh !
la souris blanche ne veut pas se compromettre
dans cette bagarre ; elle s'esquive, et le menu
trottin reprend de plus belle... Bientôt, le calme
se rétablit ; et, à la première occasion, la souris
blanche se glisse de nouveau dans le bienheureux
tiroir où sont restées quelques croûtes d'appointements.

Bon ! il est écrit que la pauvre bête n'aura pas
une longue tranquillité... Quel vacarme cette
fois encore !... C'est le canon qui tonne du côté
d'Alexandrie... Oh! oh ! c'est trop fort ; sauvons-
nous ; et pour de bon, et pour longtemps, ce
coup-ci... Et, dans sa fuite, elle se retourne néanmoins, invinciblement attirée vers ce fauteuil du
premier magistrat de la République qu'elle considère comme son futur nid.

Et la voilà qui vient faire des gentillesses à
l'hôte de la Présidence, se laisse prendre, cares-
ser, s'apprivoise ; elle se frotte au velours du fauteuil élyséen ; elle espère que l'occupant lui lais-
sera bientôt la place libre.

Il n'y a pas longtemps, alors que le macaque
fut contraint de quitter ce fauteuil chéri, la souris blanche essaya de se substituer à lui ; mais sa
tentative fut vaine...

Elle est gracieuse et fine, la petite souris ; elle paraît inoffensive et propre. Pourtant, on aurait tort de la croire meilleure qu'elle n'est.

Inoffensive ?... Les petites dents mordent cruellement et grignotent ferme, et elle aide puissamment les gros rongeurs, ses complices, dans leur œuvre de destruction ; elle dévore, comme eux, les moissons de notre belle patrie.

Propre ?... Elle est blanche, c'est vrai ; mais n'approchez pas l'animal de trop près. Surtout, ne passez pas sur lui une main caressante ; car la souris blanche exhale, elle aussi, cette odeur forte et caractéristique, cette odeur pénétrante et repoussante qui est le signe distinctif de tous les animaux républicains de la Ménagerie Politique, cette odeur qui provoque à bon droit des nausées chez tous les honnêtes gens.

NOTICE BIOGRAPHIQUE COMPLÉMENTAIRE

Charles-Louis de Saulces de Freycinet est né à Foix, le 14 novembre 1828, d'une famille protestante originaire du Dauphiné. Il fut au collège un élève distingué. Entré à l'École Polytechnique en 1846, il en sortit avec le numéro quatre et passa dans les mines. Nommé successivement ingénieur à Mont-de-Marsan, à Chartres et à Bordeaux, il fut choisi en 1855 par la compagnie des chemins de fer du Midi pour être placé à la tête de l'exploitation ; son passage à cette compagnie a laissé un excellent souvenir. En 1862, il fut chargé de différentes missions scientifiques en France et à l'étranger. Le 8 août 1870, il était promu officier de la Légion d'honneur.

Il est juste, de reconnaître que M. de Freycinet n'est pas le premier venu. Son tort a été de sortir de sa sphère, d'entrer dans la politique militante, lui qui était fait pour l'administration, et surtout de se croire de grandes capacités militaires.

Quand la France envahie vit, pour surcroît de malheur, s'abattre sur elle le fléau révolutionnaire, M. de Freycinet, ne considérant que les dangers de la patrie, vint offrir ses services au gouvernement républicain. Ce mouvement partait d'un bon naturel. Malheureusement, Gambetta crut avoir mis la main sur un homme de génie, et M. de Freycinet pensa que Gambetta ne s'était point trompé. Aussi, accepta-t-il sans sourciller le poste de chef du cabinet militaire de la délégation du gouvernement de la Défense nationale. Cet ingénieur, qui s'entendait à merveille à construire un pont, prépara des plans de campagne et donna des ordres aux généraux. Dans ces fonctions, auxquelles il n'était nullement préparé, il perdit naturellement un peu la tête, et il lui arriva de commettre de nombreuses fautes. On lui a reproché, notamment, et non sans raison, d'avoir voulu impro-

viser des chefs d'armée : c'est ainsi qu'il nomma
général à l'armée des Vosges un pharmacien d'Avi-
gnon, le sieur Bordone, dont le casier judiciaire était
orné de trois condamnations pour escroquerie ; et
comme on lui reprocha plus tard cette nomination
scandaleuse, il répondit ingénument qu'il avait pensé
que Bordone, se trouvant tout à coup général, aurait
à cœur de racheter les hontes de son passé par quelque action d'éclat, et qu'un aventurier de cette
espèce était capable, pour reconquérir l'honneur, de
se faire tuer à la tête de ses troupes. Bordone ne se
fit pas tuer du tout et ne profita de sa situation que
pour commettre mille vols, mille pillages.

Après la guerre, M. de Freycinet jugea qu'il agirait sagement en rentrant dans l'ombre, et, en effet,
il se tint coi pendant cinq années ; peut-être recon-
naissait-il, dans son for intérieur, qu'il n'avait pas
été à la hauteur des circonstances. C'est en janvier 1876 qu'il reparut sur la scène politique. Il se
porta candidat au Sénat pour le département de la
Seine, en se recommandant du patronage de Gambetta, alors en pleine popularité, et il fut élu.

Au Sénat, M. de Freycinet eut de nombreux succès
de tribune ; il est orateur, sinon éloquent, du moins
intéressant ; malgré la faiblesse de son organe, il sait
se faire écouter.

Le 14 décembre 1877, il fut appelé par M. Dufaure
au ministère des travaux publics. Après la démission
du maréchal de Mac-Mahon, il conserva son portefeuille dans le ministère que M. Grévy constitua sous
la présidence de M. Waddington. En janvier 1882, il

succéda à Gambetta comme président du conseil, avec le portefeuille des affaires étrangères. Lors du bombardement d'Alexandrie par les Anglais, il fit assez piteuse figure, louvoya à la Chambre, ne sachant quelle attitude prendre, et finalement se laissa mettre en minorité (29 juillet 1882). Il donna sa démission. Au 31 mars 1885, le cabinet Jules Ferry ayant été renversé à la suite des événements du Tonkin, M. de Freycinet reprit les affaires étrangères dans le ministère présidé par M. Brisson (6 avril). Puis, il eut la présidence du conseil (7 janvier 1886), quand celui-ci dut se retirer après une falsification de vote pour les crédits de la politique coloniale.

Le grand acte de M. de Freycinet, lors de son retour au pouvoir, a été d'engager, dès 1878, l'Etat à l'exécution de grands travaux, en majeure partie inutiles, qui ont été une des premières causes du déficit dont se meurt actuellement la République. Ingénieur, il avait eu des rêves fantastiques ; ministre des travaux publics, il jugea l'occasion bonne de les réaliser, sans se préoccuper des ressources du pays. Il décida donc le rachat progressif des lignes de chemins de fer par l'Etat, qui constitua, avec divers tronçons de lignes d'un mauvais rendement, ce qu'on appelle « le septième réseau ». En outre, il fit entreprendre des travaux beaucoup trop coûteux pour la France, que la guerre venait d'épuiser : sous prétexte de réorganiser les voies navigables et de les compléter parallèlement au réseau des voies ferrées, il écrasa le budget national dans le présent et dans l'avenir ; car ses projets grandioses ne représentent pas moins

de dix mille kilomètres de canaux à remanier et plus
de trois mille kilomètres de chemins de fer à ouvrir,
soit une dépense de cinq à six milliards.

M. de Freycinet était ministre, au moment où les
trois Jules (Grévy, Ferry et Cazot) imaginèrent, avec
le compère Constans, d'expulser les congrégations
religieuses. Il fut le silencieux complice de l'expulsion
des jésuites ; puis, il eut comme un remords et se
retira du ministère, en faisant naître l'occasion de sa
retraite, pour ne pas avoir à endosser la responsabilité des autres expulsions qui suivirent.

Sous le gouvernement de M. Grévy, M. de Freycinet fut, pour ainsi dire, désigné comme le successeur
éventuel du président. Il était le grand ami, le
ministre favori de l'Elysée ; mais ce n'était un mys-
tère pour personne qu'il convoitait la succession du
beau-père de Wilson. Aussi, lors de la démission du
président prévaricateur, il posa sa candidature ; il fit
même distribuer des bulletins à son nom, de deux
façons : des bulletins ne portant que *Freycinet* tout
court, pour les sénateurs et députés de gauche, et des
bulletins parfumés où se trouvaient inscrits tous ses
titres nobiliaires, destinés à enlever en sa faveur le
vote des sénateurs et députés de droite. Aux républicains, il promit l'application du programme radical ; aux conservateurs, il promit la modération. Mais
ces petites intrigues n'aboutirent point, et ce fut
M. Sadi Carnot qui fut élu.

Pendant la législature de la Chambre de 1885,
M. de Freycinet fut d'abord ministre, avec la présidence du conseil, dès le 7 janvier 1886 ; il eut alors

le général Boulanger comme ministre de la guerre.
Le cabinet qu'il présidait fut remplacé, le 12 décembre
de la même année, par le cabinet Goblet, dans lequel
le général Boulanger garda son portefeuille. Le dernier retour de M. de Freycinet au ministère date du
second cabinet Tirard (22 février 1889), où le portefeuille de la guerre lui a été attribué. Ainsi, c'est
avec lui qu'a été réalisé l'un des plus absurdes
articles du programme dissolvant des républicains :
la direction de l'armée confiée à un civil !

L'OURS

BRISSON

L'ours forme un genre important de grands mammifères carnassiers plantigrades, et ce genre comprend de nombreuses variétés. Nous n'en étudierons ici qu'une seule, la variété parlementaire, l'ours noir de Bourges, *ursus brissonnius sæculi*.

Tout le monde connaît la physionomie générale de cet animal grossier et sauvage ; nous n'entrerons donc pas dans les détails d'une longue description, nous nous bornerons plutôt à rappeler quelques traits distinctifs de la bête.

Cet ours, d'un pelage très noir, est originaire du Berri. Il a émigré de bonne heure sur les bords de la Seine, et affectionne particulièrement les hauteurs du Palais-Bourbon. Là, il se tient à l'écart des autres animaux qui peuplent l'endroit, faisant bande à part ; il fuit par instinct toute société, s'isole le plus possible, ne se trouve à son aise que loin de ses congénères.

On sait que l'ours naît tout à fait informe et ne prend une certaine tournure que grâce au soin que sa mère met à le lécher. Il faut croire que la maman de l'ours de Bourges a fort négligé de se livrer à cet exercice ; car l'animal dont nous parlons est tout ce qu'on peut rêver de plus mal léché, les naturalistes sont unanimes à le reconnaître.

A l'instar de tous les ours, l'*ursus brissonnius* est paresseux, flegmatique. Il se renferme dans sa tanière et reste souvent longtemps sans en sortir. Quand il la quitte, c'est pour ravager la région dans laquelle il a élu domicile. Cet indolent est surtout friand du miel produit par les laborieuses abeilles conservatrices ; il monte à l'assaut des ruches chrétiennes avec une véritable fureur.

L'animal est aussi un excellent nageur ; il ne redoute pas les tempêtes parlementaires, s'aventurant parfois très loin au sein des ondes perfides de l'océan politique. Il lui arrive de disparaître pendant quelque temps ; on le croit noyé, c'est une erreur ; bientôt on le voit revenir sur l'eau, comme s'il n'avait couru aucun danger.

Après avoir pris ses ébats dans le golfe de la présidence législative, il s'installa un jour sur un rocher abrupt, nommé le roc ministériel ; là, il fut attaqué par d'autres carnassiers avides qui lui disputèrent la place, et, n'étant pas le plus fort, ayant peu d'amis, à raison de son caractère hargneux, il dut déguerpir. De son côté, il rêva de déloger le macaque de sa demeure élyséenne ; dans ce but, il en fit, une fois, le siège en règle, mais il ne réussit point, et ses manœuvres furent déjouées par la bande dont le macaque était le chef.

On l'a surnommé *ursus sæculi*, parce qu'il se réfugie volontiers, quand on le pourchasse, dans la vieille « caverne du *Siècle* », bien connue des

explorateurs de la forêt Chauchat ; cette caverne
est pour lui une forteresse inexpugnable.

Enfin, cet animal, si farouche qu'il soit, a trouvé
ses maîtres ; cette bête insociable se laisse apprivoiser, la nuit, par une tribu de dompteurs, appelés les Francs-Maçons. Ceux-ci lui ont fait accepter une sorte de servitude intermittente. Ils
l'entraînent, le soir, dans une loge de la rue
Cadet, où ils ont creusé une fosse aussi profonde
que celle du Jardin des Plantes, dite la Fosse
d'Hiram. On y descend notre ours, on le culbute,
il devient pour la tribu un objet d'amusement.
Ces dompteurs font alors de lui tout ce qu'ils
veulent. Ils lui crient de se coucher par terre,
et il s'y couche ; de se lever, et il se lève ; de se
mettre à genoux, et il se met à genoux ; ils lui
ordonnent de grimper à un arbre, nommé
« l'arbre du milieu », et il y grimpe, à la grande
joie des Francs-Maçons, qui en jouent ainsi
depuis l'année 1856. L'*ursus brissonnius* est, de la
sorte, l'ours Martin des loges parisiennes. On lui
jette des friandises, on lui prodigue les compli-
ments, on lui dit : « Oh ! que Martin est beau ! »,
on le pare de grands cordons de couleurs variées,
et Martin est content.

Néanmoins, les Francs-Maçons n'ont pas

encore pu imposer la vilaine bête à la sympathie publique ; personne ne l'aime, et c'est en vain que le chef des dompteurs s'évertue à crier : « Prenez mon ours ! »

NOTICE BIOGRAPHIQUE COMPLÉMENTAIRE
?

Il y avait autrefois, dans un pensionnat de Paris, un maître d'études qu'on appelait familièrement « le père Brisson ». Ce pion, en menant ses élèves au collège, rencontra, un beau jour, un autre pion qui y conduisait ceux d'un autre pensionnat. Les deux pions étaient « pays » ; ils étaient originaires du Cher ; ils firent donc volontiers connaissance et se lièrent intimement. Le pion n° 2 se nommait Michel ; il devint avocat et se fit bientôt connaître sous le nom de Michel de Bourges. Le pion n° 1 resta inconnu ; mais, en homme pratique, constatant que son emploi dans un pensionnat parisien ne l'enrichissait guère, il revint à sa province chérie et s'établit homme d'affaires au chef-lieu de son département. Lui et Michel de Bourges furent à la tête du parti républicain du Cher.

C'est cet ex-maître d'études, devenu directeur d'un cabinet d'affaires, qui dota la France du grand citoyen Henri Brisson.

Henri Brisson naquit donc à Bourges, le 31 juillet 1835. La terre ne trembla pas au jour de sa naissance; les cieux ne furent point ébranlés. — En 1854, nous le voyons à Paris, jeune homme de dix-neuf ans, fréquentant non la société des étudiants ses camarades, mais celle des vieux professeurs. On l'appelait déjà Brisson-le-Lugubre. — Sitôt qu'il eut atteint sa vingt-unième année, il sollicita et obtint l'immense honneur d'être reçu franc-maçon; la société des croque-morts du Grand Orient de France l'attirait tout naturellement. Cette fois, on put le nommer Brisson-le-Funèbre. On dit qu'il n'avait pas son pareil pour jouer, dans les Loges, à l'initiation au grade de Maître, le rôle du cadavre d'Hiram, couché dans le cercueil.

Cependant, on raconte qu'à l'âge de trente ans, il eut un certain matin une idée gaie. C'était en 1865; la date ne sera pas perdue pour l'histoire. Il se dit : « Tiens! si je fondais un journal rigolo? » Et il fonda une revue, sous ce titre quelque peu folichon : *la Morale Indépendante*. Malheureusement, malgré son titre tout à fait dans la note du quartier latin, le journal fut embêtant comme la pluie, et mourut, écrasé par le nombre de ses abonnés.

Alors, il entra (1869) à *l'Avenir National* et fut chargé d'une chronique. Ses articles étaient tellement folâtres, qu'ils n'étaient connus sur le boulevard que sous le nom de « chronique des enterrements ».

Surviennent, en cette année 1869, les élections au Corps législatif. Brisson se regarde dans une glace, se trouve une physionomie avenante, irrésistible, et se dit : « Je n'ai qu'à me produire dans les réunions publiques pour charmer mes concitoyens et être élu député. » Il se porte donc candidat, va de club en club dans la 4° circonscription de la Seine, et donne le frisson aux électeurs, dès qu'il paraît. On le surnommait partout « le candidat Cercueil ». Il n'eut que 6.000 voix sur 30,000 votants.

C'était un four complet. Heureusement, la Révolution arriva bientôt pour réparer les erreurs du suffrage universel. Le gouvernement du 4 Septembre le nomma adjoint au maire de Paris.

Il remplit ces fonctions jusqu'au 1er novembre 1870 et donna sa démission, le 2, jour des Morts.

Aux élections du 8 février 1871, il fut enfin élu député de la Seine. Son arrivée à l'Assemblée de Bordeaux jeta un froid glacial. Ceux qui ne connaissaient pas son caractère d'ours se demandaient où il irait siéger ; naturellement, il alla prendre place à la Montagne, à l'extrême gauche. Dès le lendemain même de la Commune, il demanda l'amnistie; sa proposition fut repoussée à la presque unanimité. Brisson se le tint pour dit, et il demeura tranquille.

Du moins, ce fut pour quelque temps seulement; car notre homme, ne se doutant pas que son éloquence est tout ce qu'il y a de plus réfrigérant, a la manie des discours.

Ainsi, à l'Assemblée Nationale, il a parlé : sur le conseil supérieur de l'instruction publique ; sur la nouvelle loi du jury; contre la commission de permanence ; contre la restitution aux princes d'Orléans de leurs biens confisqués ; contre la loi des maires;

contre la loi électorale politique et la loi électorale municipale, etc.

En 1876, aux élections générales, il fut élu dans le Xᵉ arrondissement de Paris

Un des 363, il fut réélu, le 14 octobre 1877.

A l'ouverture de la session de 1879, ses collègues le nommèrent vice-président de la Chambre. Peu après, la commission du budget le choisit pour son président.

Chargé plus tard de faire un rapport sur les actes des ministres du 16 mai et du 23 novembre 1877 (cabinet de Broglie-Fourtou et cabinet de Rochebouët) il conclut à la mise en accusation des ministres du maréchal. On sait que la Chambre se contenta de leur décerner un vote de blâme.

Réélu député, le 21 août 1881, dans le Xᵉ arrondissement de Paris, il fut nommé président de la Chambre, le 3 novembre, et demeura à ce poste, jusqu'à ce que le vertueux Grévy lui confia le soin de former un cabinet, en remplacement du ministère Ferry (31 mars 1885).

Entre temps, il s'était signalé par une haine féroce contre les congrégations religieuses, et demanda, sans l'obtenir, la confiscation de leurs biens. On le voit, le froid bonhomme cache au fond de lui un sectaire enragé.

C'est lui qui présida aux élections générales de 1885. Il fut élu à la fois dans le Cher et dans la Seine et opta pour le premier de ces deux départements.

Il avait hautement prêché la concentration républi-

caine en face des conservateurs, sentant que le terrain
commençait à manquer à la République.

Dès le début de la législature, il eut à lutter contre
la moitié de la Chambre. Il s'agissait de décider si
l'on continuerait l'expédition funeste du Tonkin. Les
nouveaux crédits ne furent votés qu'à une majorité
de quelques voix. Le bureau de la Chambre fut même
accusé d'avoir falsifié le scrutin. On trouva, parmi les
votes des députés favorables au Tonkin, celui d'un
représentant des colonies qui était alors en mer pour
se rendre à Paris. De vives protestations s'élevèrent ;
on ouvrit une enquête pour savoir qui avait triché ;
mais cette enquête n'aboutit jamais.

Sur ces entrefaites, eut lieu la réunion du Congrès
pour l'élection du président de la République. Brisson se porta candidat en concurrence avec M. Grévy,
président sortant, mais il n'obtint que 68 voix.

C'est à cette époque qu'il quitta le ministère, où le
portefeuille de la justice lui avait été dévolu en même
temps que la présidence du Conseil.

Depuis lors, ce cadavre ambulant a tenté quelquefois de ressusciter. Ce fut en vain. Ses allures sour-
noises avaient cessé de plaire à la majorité. Aucun
portefeuille ne lui fut plus confié. La tricherie dans
l'affaire des crédits du Tonkin l'avait complètement
enterré.

A la fin de la législature de la Chambre élue
en 1885, il a pris la parole pour appuyer la loi contre
les candidatures multiples. Et, aux élections du 22 septembre 1889, il a été élu dans la deuxième circonscription du X° arrondissement de Paris, contre le

général Thibaudin, républicain révisionniste, ancien ministre de la guerre. Mais, s'il réussit encore à embobiner des électeurs, par contre, le vide se fait autour de lui parmi ses collègues de la députation.

En somme, Brisson est peu sympathique, même aux yeux des républicains. On le trouve insociable ; et il a beau faire chanter ses louanges par son journal *le Siècle*, on ne veut plus de lui comme ministre. A la dernière Chambre, il n'avait guère auprès de lui qu'un fidèle, le député Marmonnier ; à eux deux, ils constituaient le groupe Brisson. Et, comme aux élections de 1889 le fidèle Marmonnier a été honteusement blackboulé, il s'ensuit que le groupe Brisson se compose, aujourd'hui, de Brisson tout seul.

LA FOURMI

ROUVIER

Un insecte que chacun croit bien connaître, c'est la fourmi. D'abord, il y a des fourmis partout; ensuite, les observations faites à leur sujet sont nombreuses; enfin, la littérature s'en est occupée et a prodigué les épithètes les plus

9.

variées à ce petit insecte. Cependant, quoique la
fourmi ait été très étudiée, elle est néanmoins
peu connue, du moins du public; à des observations exactes et judicieuses se sont mêlées bien
des erreurs qui n'ont fait que se propager avec
le temps..

La fourmi politique est comme les autres;
son activité prodigieuse l'a mise de bonne heure
en évidence, de telle sorte qu'on n'a pas manqué
de raconter sur son compte mille et mille his-
toires, dont quelques-unes s'éloignent considé-
rablement de la vérité.

Donc, la fourmi est un genre d'insectes hymé-
noptères, qui comporte un assez grand nombre
d'espèces, parmi lesquelles la fourmi politique
dite de la Cannebière, *formica rouviera canne-
bierensis*. Cette espèce est caractérisée par deux
paires d'yeux; en effet, l'insecte a deux yeux
naturels, situés dans leurs orbites, à la place
où se trouvent d'ordinaire les yeux, et, en outre,
il possède une paire supplémentaire d'yeux plats,
dépourvus de vie et placés devant les autres;
cette seconde paire a pour objet d'augmenter la
puissance de vue des yeux naturels, qui sont
myopes.

Chaque espèce de fourmis, — ceci, personne

ne l'ignore, — comprend trois sortes d'individus : les mâles, les femelles et les neutres, ainsi que cela a lieu pour les abeilles. Dans l'espèce politique, la fourmi neutre se comporte exactement comme ses pareilles des espèces ordinaires ; cet insecte curieux, qui a des qualités familiales fort appréciables, se constitue le père nourricier des larves nées des œufs pondus par les fourmis fécondes et leur prodigue les soins les plus tendres. Ces larves, qu'on désigne sous le nom de larves vignonnes, sont l'objet d'une vive sollicitude de la part de l'insecte neutre : non seulement celui-ci les nourrit bien, mais il veille à ce que rien ne leur manque ; il leur fournit tous les agréments de la vie ; quand le soleil opportuniste est dans son plein midi, il les fait se réchauffer à ses rayons bienfaisants ; il les rentre dans la fourmilière, dès le moindre danger ; il veille même à leur avenir et leur attache à un certain endroit du corps un petit bout de ruban rouge qui permet à ces jeunes larves de faire bonne figure dans le monde.

La fourmi de la Cannebière est originaire, comme son nom l'indique, des bords de la Méditerranée. Un violent coup de mistral la transporta dans les prés fleuris qu'arrose la Seine, et c'est là, au milieu du jardin parlementaire, qu'elle a établi son habitat.

Cet insecte est d'un caractère exubérant. Quand une fourmi de la Cannebière rencontre une autre fourmi de la Cannebière, vite elles se sautent au cou et s'embrassent avec effusion ; la camaraderie franche et joviale est dans leur nature. Cette petite fourmi, qui trottine diligemment, ayant l'air d'être absorbée par ses innombrables occupations, est, au demeurant, un insecte très gai et tout à fait bon vivant.

On l'a accusée, sur des apparences trompeuses, d'avoir des mœurs déplorables ; il n'en est rien, pourtant. Notre insecte fut victime d'un fâcheux quiproquo, et, quelque temps après l'aventure qui lui valut un moment une mauvaise réputation, une enquête de zoologistes anti-policiers découvrit le vrai coupable des méfaits honteux mis par erreur à la charge de la fourmi de la Cannebière.

Ce qu'il y a lieu de reprocher avec plus de raison à notre insecte, c'est son appétit de budgétivore insatiable. Il est très vorace et peu difficile sur le choix de ses aliments; le suc qu'il recherche pour se nourrir est d'une nature sucrée argentifère, et, pour se procurer ce suc, il ne craint pas de s'aventurer dans les bourbiers de la haute et basse finance.

Il est, notamment, une catégorie d'animalcules que notre insecte exploite avec un sans-façon de négociant grec ou de banquier juif. Cet animalcule est le puceron-gogo, de l'ordre des hémiptères-actionnaires; son abdomen, bourré d'actions, obligations, titres de rente et autres paperasses, possède à sa partie postérieure deux petits tubes qui sécrètent le liquide sucré argentifère dont la fourmi de la Cannebière est si friande. Notre insecte s'empare des pucerons-gogos et les tient dans un véritable esclavage, leur faisant produire tout le suc dont ils sont capables, les considérant en quelque sorte comme des vaches à lait et les traitant sans ménagement aucun.

Un trait célèbre de la vie des fourmis, en général, et de l'espèce politique, en particulier, c'est la prévoyance qui les porte à amasser des provisions; cette prévoyance est devenue proverbiale. Notre insecte laborieux est infatigable : son économie ne va pas jusqu'à l'avarice, car il absorbe beaucoup; mais il a beau amasser de quoi assurer sa vieillesse, il ne se trouve jamais assez riche et se considère même comme pauvre. Partout où il y a moyen de glaner un grain financier, on est sûr de le rencontrer, traînant, pour les transporter à son grenier à provisions, des détritus pécuniaires souvent plus gros que lui.

NOTICE BIOGRAPHIQUE COMPLÉMENTAIRE

Provençal par sang, M. Maurice Rouvier est né, le 17 avril 1842, à Aix (Bouches-du-Rhône). Ses parents, gens sans aucune fortune, le destinaient au commerce. Ils le placèrent tout jeune dans une maison de négociants grecs de Marseille, la maison Zafiropoulo et Zarifi; il débuta comme petit employé et fit lui-même son éducation, suivant, le soir, des cours gratuits. Peu à peu, apprécié par ses patrons, il améliora sa position; à vingt-sept ans, il était devenu l'un des premiers employés de la maison, aux appointements annuels de 10,000 francs.

On était alors à la fin de l'Empire. M. Rouvier s'occupait déjà de politique. Il avait commis la faute énorme de s'affilier à la Franc-Maçonnerie, et il subissait l'influence pernicieuse de la secte. Bientôt, il voulut être journaliste : à ses moments perdus, il collaborait aux feuilles d'opposition. Il contribua à la fondation de l'*Egalité*, organe du parti radical en Provence. Ses articles, ses discours dans les clubs marseillais, le mirent en évidence; le gouvernement insurrectionnel du 4 Septembre le nomma secrétaire général de la préfecture des Bouches-du-Rhône. Dès lors, il abandonna la carrière commerciale pour se consacrer exclusivement à la politique.

Notons ici, pour rendre hommage à la vérité, que l'un de ses anciens patrons, M. Zafiropoulo, au moment de nos désastres, versa généreusement au trésor de la Défense nationale la somme d'un million pour être employée à des achats d'armes.

Candidat à l'Assemblée Nationale le 8 février 1871, il obtint, sans être élu, 44,059 voix, mais passa aux élections complémentaires du 2 juillet, avec 54,156 voix, et prit place à l'extrême-gauche. Il était alors un des plus jeunes députés, n'étant âgé que de vingt-neuf ans. Cependant il s'affirma, dès le début, comme un excellent orateur d'affaires, précis, compétent, rompu aux débats économiques. Dans une question de surtaxe de pavillon qui intéressait la prospérité commerciale de Marseille, il réussit, avec beaucoup de succès, à faire adopter par l'Assemblée sa manière de voir. Rapporteur de la commission pour la réforme judiciaire en Egypte, il soutint également avec zèle les intérêts français en Orient.

Elu député, le 20 février 1876, dans la 3ᵉ circonscription de Marseille, par 8,503 voix, il reprit sa place à l'extrême-gauche, et fut élu secrétaire de la Chambre. Au mois de mai de cette même année, se place un incident qui eut un grand retentissement. Une affreuse méprise, commise par des enfants qui jouaient dans les jardins du Palais-Royal, le fit accuser d'actes d'immoralité; il demanda lui-même à la Chambre d'autoriser les poursuites contre lui (13 juin 1876), prit pour défenseur Mᵉ Nicollet, et fut acquitté le 18 juillet. Malheu-

reusement, la lumière n'était pas complètement faite
par le jugement. Aux débats, deux des enfants accu-
sateurs persistèrent à reconnaître en M. Rouvier
l'homme qui avait commis en leur présence des actes
honteux ; la première instruction, dirigée par la police,
était de nature à faire peser sur l'accusé les plus graves
soupçons ; le substitut, chargé de prendre la parole
comme organe du ministère public, était un magistrat
des plus honorables, et il croyait sincèrement à la
culpabilité ; par contre ; trois des enfants, et précisément les plus âgés, ne reconnurent pas M. Rouvier ;
dans le doute, le tribunal l'acquitta, mais les disposi-
tifs du jugement laissaient planer sur son innocence
une cruelle incertitude. Ce n'est que trois ans après
que la vérité fut connue, lors d'une enquête parlementaire sur certains agissements de la préfecture de police. Voici ce qui s'était passé : les actes honteux re-
prochés à M. Rouvier avait été commis en réalité au
Palais-Royal par un ancien avocat, immonde mania-
que, expulsé du barreau de Paris à la suite de condamnations pour faits analogues, lequel avait été
recueilli par la police politique dont il était un des
agents secrets. Pendant que les enfants, effrayés,
allaient se plaindre à leurs parents, le misérable avait
disparu ; mais ayant recommencé ses malpropretés un
peu plus loin, il avait été pris sur le fait et conduit au
commissariat du quartier, où, reconnu comme agent
secret, il fut relâché. Au même moment, M. Rouvier,
qui se promenait dans l'une des galeries du Palais-
Royal, était accusé par les enfants, assailli par l'un
des pères indignés et venait à son tour s'expliquer au

commissariat. Le vrai coupable, dans tout ce fatal quiproquo, fut donc le commissaire de police, qui, pour sauver un misérable et pensant sans doute que la vérité ne se découvrirait jamais, profita de la méprise de deux enfants (deux sur cinq), pour rédiger un procès-verbal contre le député, qu'au fond de sa conscience il savait innocent. Et nous trouvons, nous, que, puisque la lumière a été complètement faite par l'enquête de février-mars 1879, les allusions contre M. Rouvier, à propos de cette triste affaire du Palais-Royal, sont aujourd'hui malséantes, et notre avis est que les ardeurs de la polémique politique ne les excusent pas. Qu'on nous pardonne la longueur de ce paragraphe dans la biographie d'un ministre dont nous sommes, pour tout le reste, l'adversaire résolu ; mais nous avons un faible pour les calomniés, et nous entendons n'écrire que des pages impartiales.

Au 14 octobre 1877, M. Rouvier, qui était un des 363, fut réélu par 8,784 voix. Réélu de nouveau à Marseil, le 21 août 1881, par 8,308 voix, mais cette fois comme opportuniste, il fut ministre du commerce et des colonies dans le cabinet Gambetta (du 14 novembre 1881 au 26 janvier 1882). Il reprit le portefeuille du commerce dans le cabinet Ferry, le 14 octobre 1884, à la suite de la démission de M. Hérisson, et se retira avec ses collègues (30 mars 1885), lors de la nouvelle du désastre de Lang-Son. Aux élections générales du 4 octobre 1885, faites au scrutin de liste, il fut élu dans les Alpes-Maritimes, par 18,787 voix sur 38,200 votants, tout en ayant échoué d'autre part dans l'Inde et les Bouches-du-Rhône. Le 31 mai 1887,

après la chute du cabinet Goblet, il fut chargé de
constituer un ministère; il en prit la présidence et
s'attribua le portefeuille des finances. Lors de l'élection de M. Carnot à la présidence de la République,
le cabinet Rouvier fut remplacé par le ministère
Tirard (13 décembre 1887). Quand, deux ans plus
tard, M. Tirard, après avoir été remplacé par M. Floquet, reprit le pouvoir, il confia le portefeuille du
commerce à M. Rouvier (23 février 1889). Aux élections du 22 septembre de la même année, au scrutin
uninominal, il a été réélu par plus de 10,000 voix
sur 13,000 votants dans l'arrondissement de Grasse
(Alpes-Maritimes).

Pour conclure, M. Rouvier est certainement un
des hommes d'Etat les plus capables du parti républicain. C'est à force de labeur, de volonté et d'intelligence qu'il a conquis sa situation; mais il a tous les
défauts de la généralité des parlementaires de notre
époque. Sceptique, il ne croit à rien, si ce n'est aux
choses matérielles. En vain, a-t-il affirmé n'avoir
jamais usé de son influence politique pour se lancer
dans des opérations financières; on sait qu'il a été
mêlé à l'affaire de la *Compagnie auxiliaire des Chemins de fer* et à d'autres combinaisons de banquiers
sans scrupules, qui ont ruiné leurs actionnaires. Il a
beau dire qu'il possède à peine 20,000 francs de rente;
on sourit devant ces affirmations, et, en tout cas, il
n'est pas de la race des patriotes austères, de plus en
plus rares en ce siècle décadent, qui, entrés sans fortune dans la politique, meurent pauvres.

LE SERPENT A SONNETTE

LE ROYER

Ah! pour le coup, voici une affreuse bête!...
Déjà, en général, le serpent est un animal à la
fois répugnant et dangereux : ses mouvements
tortueux de reptile, ses qualités malfaisantes, sa
vue bien faite pour inspirer l'horreur, tout, en
un mot, tout en lui effraie. Eh bien, parmi tous

les serpents, le crotale ou serpent à sonnette est certainement le plus terrible et le plus effrayant. On avait cru, jusqu'à présent, que cette espèce était particulière à l'Amérique, et les Européens se réjouissaient de ne pas connaître cet horrible ophidien. Depuis quelques années, on sait que nous en avons chez nous une variété qui n'est pas moins dangereuse que celle du nouveau continent; nous voulons parler du serpent à sonnette de haute-cour, *crotalus leroyerus düng-dingding.*

Ce reptile, des plus venimeux, nous vient des rives du lac Léman. Il s'est introduit en France, en se glissant dans les bagages d'une famille protestante. Sa présence a été signalée en plusieurs endroits, notamment à Châlons, à Lyon et à Paris. Les personnes qui l'ont vu, ne serait-ce qu'une seule fois, gardent de lui une impression d'effroi que rien ne peut plus effacer.

Voici les signes caractéristiques du terrible serpent :

Sa tête est aplatie. Ses yeux, garnis d'une membrane clignotante, paraissent étincelants, surtout lorsque l'animal se met en colère; ils luisent, à travers les ténèbres obscurs des corridors du Luxembourg, où il a établi son domicile. Sa gueule présente une très large ouverture. Sa langue est noire, déliée et partagée en deux. Quand il s'installe à son poste d'observation, qui est un fauteuil situé au-dessus de la tribune sénatoriale, il s'enroule sur lui-même, tenant la tête droite, étendant sa langue et la faisant vibrer très rapidement. Il a la faculté de pouvoir agrandir sa gueule outre mesure, lorsque la proie qu'il veut avaler est volumineuse. Il a des dents crochues, tournées en arrière, d'autant plus grandes qu'elles sont plus près du museau, et disposées de façon à ne pouvoir lâcher la victime qu'elles ont saisie.

Nous avons dit que le crotale de haute-cour est un reptile des plus venimeux. Les vésicules qui contiennent le poison de ce serpent sont, comme chez la vipère, situés sous la peau de la mâchoire supérieure; ce sont deux poches dans laquelle son venin de méchanceté se ramasse. Lorsque le crotale comprime ces vésicules, le venin se porte à la base de deux crochets très longs et très apparents, attachés au-devant de la mâchoire supérieure; le venin passe par un trou et sort par une fente longitudinale que l'on voit à la pointe de chaque crochet.

Mais c'est la queue de ce serpent qui mérite

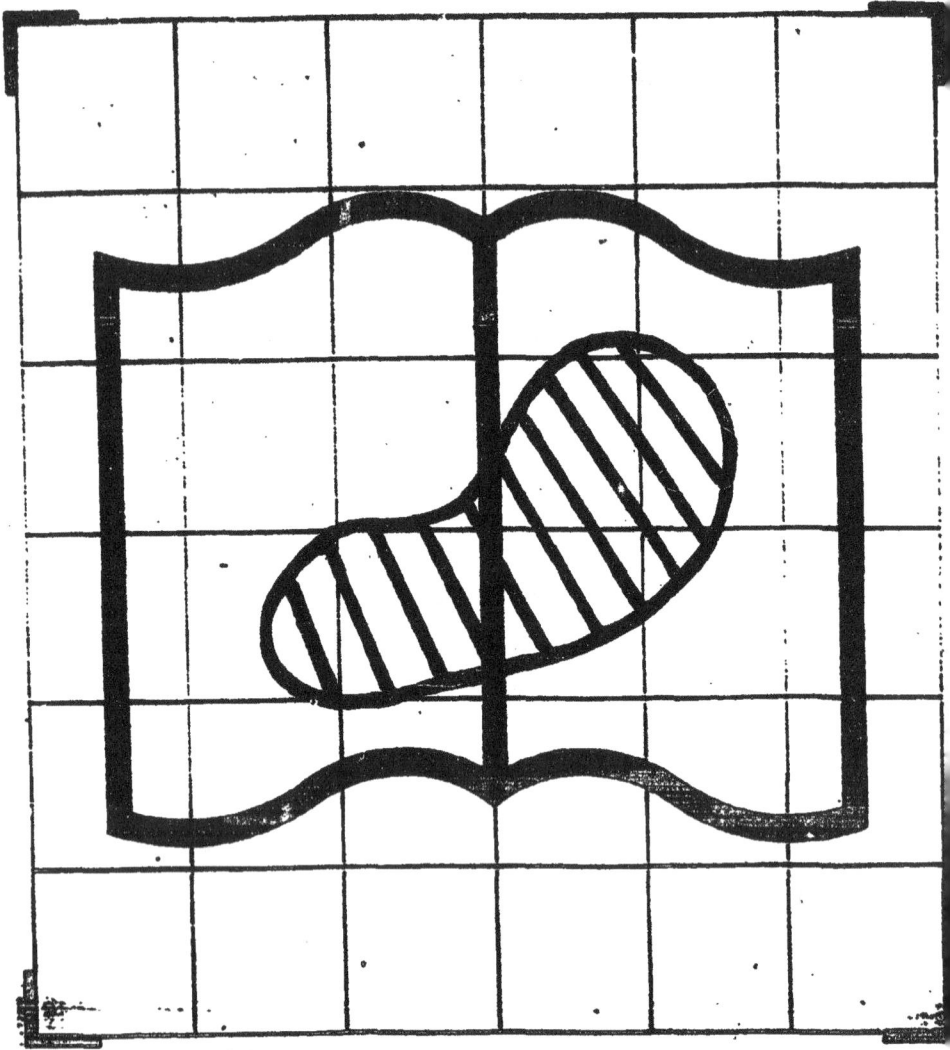

une description spéciale. Chez le crotale d'Amérique, elle est terminée par un assemblage d'écailles sonores, auquel on a donné le nom de sonnette, à raison du bruit qu'il fait. Chez le crotale de haute-cour, cette sonnette est une véritable petite cloche, que l'animal agite avec fracas, et qui, bien que tenant au corps, n'en reçoit ni nourriture ni accroissement.

Soit en Amérique, soit chez nous, le crotale est fort à redouter ; car ses mouvements sont très rapides. Du haut de son poste d'observation, il épie avec patience. La victime préférée du crotale de haute-cour est cet animal étrange qu'on nomme orateur, de la famille des perroquets. Le serpent à sonnette attend que l'orateur soit à sa portée, et, quand celui-ci, sans méfiance, s'est perché à la tribune sénatoriale, tout à coup, le crotale fond sur lui, de son siège présidentiel, l'enveloppe instantanément de ses puissants anneaux, et lui serre le cou avec force. En vain, le malheureux orateur, épouvanté, essaie de se tapir dans un coin de la tribune et pousse des cris désespérés pour se faire entendre et obtenir aide et secours : le crotale le tient bien, et, tandis que la victime crie et se débat, il sonne de sa queue pour lui inspirer des terreurs mortelles. En style parlementaire, cette manœuvre, dans laquelle le *crotalus leroyerus dingdingding* excelle, est appelée un « étranglement de discussion ».

Contrairement aux autres reptiles qui s'engourdissent en hiver, le serpent à sonnette sénatorial est alors des plus vivaces. C'est d'ordinaire en décembre ou en janvier que les animaux parlementaires se réunissent en une assemblée générale dite congrès; c'est l'époque de la pluie des votes et des orages présidentiels. Le crotale ne manque pas de se rendre à la réunion, et ses fureurs, plus terribles que jamais, font un nombre incalculable de victimes.

On prétend que le crotale peut être, sinon apprivoisé complètement, du moins dompté par moments. Mais pour cela, il faut lui faire entendre de la musique, à laquelle il est très sensible. Encore y a-t-il lieu de choisir habilement le genre de musique propre à le dompter. Ainsi, ce qu'il faut pour venir à bout du *crotalus leroyerus dingdingding*, c'est l'air de la *Marseillaise* modulé sur une flûte opportuniste; si on lui jouait *Vive Henri Quatre* sur un cornet à piston royaliste ou *Partant pour la Syrie* sur un violon bonapartiste, on ne réussirait qu'à irriter le ter-

rible reptile. Avec la *Marseillaise*, au contraire,
on fait de lui ce que l'on veut.

A ceux qui ne connaissent pas l'art de la flûte
opportuniste, nous conseillons vivement d'éviter
l'approche du crotale de haute-cour ; car les effets
de sa morsure sont foudroyants. Le venin du
serpent à sonnette d'Amérique est tellement violent, que l'animal lui-même, si l'on parvient à
l'obliger à se mordre, meurt en douze minutes.
Chez nous, le crotale de haute-cour ne périra que
le jour où quelque dompteur hardi le contraindra
à avaler sa sonnette.

NOTICE BIOGRAPHIQUE COMPLÉMENTAIRE

M. Le Royer (Elie-Philippe) appartient à la série
des étrangers qui, s'étant établis en France, sont parvenus à mettre la main sur le gouvernement et à
présider aux destinées du pays. C'est un protestant
suisse. Il est né à Genève, le 27 juin 1816. Ses parents,
quand il eut terminé ses études dans les collèges hel-
vétiques, l'envoyèrent à Paris faire son droit. Il s'inscrivit au barreau de notre capitale et n'y brilla guère.
De Paris, il alla à Châlons, et n'y brilla pas davantage. Enfin, il se fixa à Lyon en 1855.

La révolution du 4 Septembre, qui transforma en

gouvernants tous les fruits-secs, tous les incapables, fournit à M. Le Royer l'occasion d'avoir le poste qu'il ambitionnait. De ce parlotteur suisse et protestant, le juif Crémieux, garde des sceaux, fit un magistrat français. Notez qu'on ne lui donna pas une place de mince importance : on le nomma bel et bien procureur général; cet avocaton sans causes, sans avoir passé par les différents degrés de la hiérarchie judiciaire, fut mis à la tête du parquet près la cour d'appel de Lyon. Dans ces fonctions, il fit preuve d'une nullité absolue. On sait que, pendant la durée de la guerre, il y eut de nombreux troubles dans le département du Rhône et principalement dans son chef-lieu. M. Le Royer agit vis-à-vis des révolutionnaires avec une mollesse qui frisait la complicité. C'est ainsi qu'il ne sut pas empêcher l'assassinat du commandant Arnaud par les communards lyonnais.

Au mois de janvier 1871, il donna sa démission, afin de se présenter comme candidat républicain aux élections pour l'Assemblée Nationale. Durant les quelques mois de la dictature anarchique, il avait habilement flatté toutes les fractions du parti du désordre; aussi, les révolutionnaires, qu'il avait ménagés, s'unirent aux modérés pour lui donner leurs voix, et le genevois Le Royer fut élu représentant de la seconde ville de France par 77,556 suffrages.

S'il n'est pas un orateur éloquent, notre homme est, par contre, doué au plus haut point de l'esprit d'intrigue, et, en de nombreuses circonstances, il se montra fort retors dans les combinaisons de couloirs. Les conciliabules de groupes n'avaient pas de membre plus remuant. Il s'inscrivit à la gauche républicaine et réussit à s'en faire nommer président.

L'ennui mortel qui se dégageait de ses discours ne l'empêchait pas de monter quelquefois à la tribune. Il prit ainsi part à plusieurs discussions, notamment en 1873, à celle de la loi relative à la réorganisation de la municipalité lyonnaise. Dans cette occasion, il usa de grossièreté, à défaut d'éloquence. Ne pouvant convaincre la droite, il l'injuria, et le président, qui était M. Jules Grévy, ayant pris parti pour l'impertinent genevois, dut donner sa démission.

Au mois de juin de la même année, M. Le Royer tenta de nouveau de se mettre en vedette à l'Assemblée Nationale. Il interpella le gouvernement à propos d'un arrêté que M. Ducros, préfet du Rhône, avait pris sur la réglementation des enterrements civils. Cet arrêté, fort sage, avait le don de mettre en fureur les organisateurs d'enfouissements. M. Ducros, à la suite de diverses funérailles d'athées qui avaient servi de prétexte à des manifestations scandaleuses, avait décidé que les enterrements civils ne pourraient avoir lieu après sept heures du matin, en été, et huit heures, en hiver, et au surplus avait prononcé l'interdiction des discours au cimetière, discours qui ne sont, d'ordinaire, que des boniments grotesques, accompagnés d'outrages à la religion. M. Le Royer somma le gouvernement d'annuler l'arrêté de M. Ducros. Son interpellation fut repoussée par 443 voix contre 251.

Lors de la discussion des lois constitutionnelles, M. Le Royer fut nommé vice-président de la commission des trente. Il fut donc un des pères de la Constitution qui nous régit et dont il est resté un des défenseurs les plus acharnés. Il contribua à faire inscrire, dans la loi relative à l'organisation du Sénat, l'institution des inamovibles, et réussit, à force d'intrigues, à se faire donner un de ces sièges, d'où le père conscrit qui l'occupe peut sans crainte narguer le suffrage universel.

Au Sénat, M. Le Royer se signala par son opposition au gouvernement du maréchal de Mac-Mahon et surtout au cabinet de Broglie. Après les élections du 5 janvier 1879, M. Dufaure, dernier ministre du maréchal, offrit à M. Le Royer, le 20 janvier, le poste de procureur général à la cour de cassation. Le rusé genevois, qui était au courant de ce qui se tramait chez son vieil ami Grévy, refusa, avec noblesse, un tel honneur. Le lendemain, le maréchal donnait sa démission, Grévy était élu président de la République, et son premier soin était de nommer M. Le Royer au poste même de M. Dufaure, c'est-à-dire ministre de la justice et garde des sceaux (4 février), — ce qui valait beaucoup mieux que la place de procureur général à la cour de cassation, et ce qui, en outre, n'obligeait pas notre homme à abandonner son siège de sénateur inamovible.

M. Le Royer ne demeura que onze mois au ministère. Pendant ce temps, il peupla la magistrature de toutes les créatures de l'opportunisme, sous prétexte de réorganiser les parquets. Il fut remplacé à la garde des sceaux par le fameux Cazot (27 décembre 1879). Quand M. Léon Say quitta le fauteuil de la présidence du Sénat pour entrer dans le cabinet formé par

M. de Freycinet (31 janvier 1882), M. Le Royer fut élu
pour lui succéder, et, depuis lors, c'est lui qui tient la
sonnette, à la Chambre haute.

Orateur au-dessous du médiocre, quand il était
député ou sénateur, il se montre maintenant le président le plus intolérant qu'on puisse imaginer. Ses fonctions lui donnent droit à la présidence du Congrès,
et il en abuse (28 décembre 1885, réélection de
M. Grévy, et 3 décembre 1887, élection de M. Carnot)
d'une façon révoltante, empêchant toute discussion.
Comme président du Sénat, il a présidé cette parodie
judiciaire, appelée la Haute Cour. A ce titre et à bien
d'autres, il est profondément antipathique à la grande
majorité du pays. Mais il s'en moque, puisqu'il est
inamovible.

LE CAMÉLÉON

JULES SIMON

Les caméléons forment, dans l'ordre des sau-
riens, classe des reptiles, un genre à part, ne
se rattachant aux autres que par des analogies
assez faibles. L'espèce politique, que nous allons
étudier, et dont le type le plus intéressant est
le caméléon universitaire, *chamœleon simonius*

10.

versatilis, est, de même, très facile à distinguer des autres reptiles quadrupèdes ou bipèdes du parlement.

Le mode d'organisation de cet animal est, du reste, fort singulier. Son nom lui vient de ce que, d'une part, son dos voûté, bombé, présente comme une bosse de chameau (*camelos*), et de ce que, d'autre part, il a une sorte de crête, dans diverses espèces, de tignasse, dans l'espèce politique, qui simule vaguement la crinière du lion (*leon*). La tête est large ; la face, pleine ; la nuque, grasse, a de nombreux replis ; le cou est court. La langue a la faculté de pouvoir s'allonger beaucoup ; elle est enduite d'une substance gluante ou éloquence mielleuse, qui sert à l'animal à attraper de petits insectes appelés badauds, dont il fait sa nourriture. Les yeux sont gros, saillants et indépendants l'un de l'autre ; ce qui permet au caméléon, reptile circonspect, de voir de tous côtés ce qui se passe autour de lui, sans avoir à remuer la tête, et de déterminer toujours son évolution dans le sens qui lui est favorable. Le corps est recouvert d'une peau académicienne, granulée, les écailles dessinant des palmes.

Certains zoologistes lui ont attribué la faculté

de grimper assez vite aux arbres. C'est là une opinion erronée : il grimpe, en effet, parfois à l'arbre de la liberté, mais c'est toujours avec lenteur qu'il opère un mouvement quelconque. En réalité, il a la marche plus lente même que celle de la tortue. Son allure bizarre est un déplacement graduel, presque insensible, avec une sorte de gravité affectée, mêlée de crainte et de prudence exagérée; il avance ou recule avec précaution, en tâtant sans cesse le terrain ; et son déplacement, de gauche à droite ou de droite à gauche, en avant ou en arrière, est tellement insensible, que souvent on le qualifie d'animal sans mouvement ou inamovible.

Sans avoir l'air de se mouvoir, il s'insinue habilement partout, rampant, hier parmi les rochers abrupts internationaux, aujourd'hui dans l'herbe verdoyante de la prairie conservatrice, et prenant, au fur et à mesure de ses lentes évolutions, la couleur du milieu où il se trouve. Car c'est là la particularité la plus remarquable de cet animal : il change de couleur avec une facilité extrême.

Tout le monde connaît la fable de Lamotte, dont le sujet est une dispute sur la couleur du caméléon :

> « ... Mais jugez la querelle
> Sur le caméléon. Sa couleur, quelle est-elle ?
> Monsieur veut qu'il soit vert ; moi je dis qu'il est bleu.
> « —.Soyez d'accord ; il n'est ni l'un ni l'autre,
> Dit le grave arbitre ; il est noir.
> A la chandelle, hier au soir,
> Je l'examinai bien ; je l'ai pris, il est nôtre,
> Et je le tiens encor dans mon mouchoir.
> Il ouvre le mouchoir, et l'animal sort blanc.

Les savants les plus illustres ont cherché à expliquer ce phénomène. On a cru d'abord que la peau du caméléon se bornait à refléter les couleurs des objets environnants ; mais on a dû reconnaître qu'il n'en est rien. L'animal ne reflète pas, il s'assimile bel et bien les couleurs, il se les incorpore ; et, quand, par une fréquentation suivie des clubs ou des loges, il a pris une teinte rougeâtre, il lui faut un certain temps pour s'en débarrasser et devenir blanc, s'il s'est immiscé ensuite dans une réunion de conservateurs royalistes.

Le caméléon garde, après sa mort, la dernière couleur qu'il a eue ; c'est dire qu'il est absolument impossible de prévoir dans quelle peau finira le caméléon politique.

NOTICE BIOGRAPHIQUE COMPLÉMENTAIRE

Pourquoi Jules Simon? Il s'appelle bien Jules; mais son père se nommait Simon Schweizer. Il faut croire que ce nom décelait trop une origine israélite; car de Schweizer le fils a fait Suisse; et, dans les actes de l'état civil, il a d'abord signé Jules-François Suisse, puis il adopta définitivement le pseudonyme de Jules Simon, alliant ainsi un de ses prénoms au prénom paternel.

Notre homme est né le 27 décembre 1814, à Lorient (Morbihan). Après avoir fait de brillantes études au collège de sa ville natale et à celui de Vannes, il se voua à l'enseignement, dès l'âge de dix-neuf ans; mais il ne tarda pas à se lancer dans la politique. Après avoir professé à Rennes, à Caen, à Versailles, il avait été rappelé à Paris par Victor Cousin, l'un de ses maîtres, et il avait pris sa suppléance à la Sorbonne, en 1839. Tout imbu des idées philosophiques de Cousin, il s'affirmait déjà comme un adversaire du clergé. Aussi, lorsqu'en 1846, il vint poser sa candidature de libéral dans le département si catholique des Côtes-du-Nord, il fut écarté par les électeurs. Mais il n'était pas homme à se laisser décourager par un échec : il prodigua les protestations de dévouement aux uns et aux autres, dit partout qu'il avait été mal jugé, mal compris, et se démena, en un mot, tant et si bien, qu'il réussit à se faire élire député à la Constituante au lendemain de la révolution de 1848. Il fit ensuite partie du Conseil d'Etat, mais pendant très peu de temps : en 1850, le sort l'ayant désigné pour être un des membres du conseil soumis à une réélection, il ne fut point renommé par l'Assemblée Législative, de telle sorte que sa chaire de la Sorbonne lui resta seule. Lorsqu'il avait pensé la République solidement assise, il n'avait pas manqué de se livrer à quelques manifestations ; certaines intempérances de langage le firent mal noter ; et le 10 décembre 1851, il vit son cours suspendu par un arrêté spécial. Quelques mois plus tard, son refus de serment à la constitution nouvelle le fit considérer comme démissionnaire.

Rentré dans la vie privée, M. Jules Simon publia divers ouvrages, d'un socialisme à l'eau-de-rose, et donna des conférences, mais en Belgique.

En 1863, il brigua la députation ; élu par la VIIIᵉ circonscription de Paris, il tint sa place au Corps législatif ; car il est orateur d'un talent indiscutable. En 1869, élu à Paris et à Bordeaux, il opta pour cette dernière ville ; il prononça encore à la tribune de nombreux discours.

Un de ses admirateurs, M. Francisque Sarcey, normalien comme lui, a fort bien décrit son genre d'éloquence insinuante : « Regardez-le qui monte à la tribune ; il ne marche pas, il s'y glisse ; il y a dans toute sa personne, dans son regard à demi voilé, dans sa tête penchée sur l'épaule, dans ses mains qui s'affaissent, une grâce enveloppante et féline ; sa voix est pleine de caresse, avec un accent mouillé qui attendrirait les cœurs les plus durs. Les premiers sons qu'il exhale sont faibles et doux comme une plainte ;

le ton s'élève peu à peu et s'échauffe. D'autres ins-
truisent, frappent ou étonnent; lui, il touche; il s'est
fait de l'émotion une spécialité. M. Jules Simon est
un des plus habiles artisans de phrases que possède
le Parlement. »

C'est bien là le Tartufe de la politique.

Du reste, ce républicain prétendu modéré, tout en
affectant des allures de bon bourgeois centre-gauche,
ne manquait aucune occasion de faire œuvre de révolutionnaire, agissant en dessous, bien entendu.
L'Internationale se fonde; vite, il lui apporte son
adhésion et sa souscription; les socialistes rouges l'ins-
crivent sous le n° 600. Puis, c'est dans la Franc-
Maçonnerie qu'il se faufile : il reçoit l'initiation à
Paris, dans le Rite Ecossais; animé par la haine de
l'Eglise et aussi par son ambition qui lui fait recher-
cher partout des complices en conspiration, sur lesquels il pourra s'appuyer, il ne reste pas dans les
grades inférieurs; promptement, il s'élève aux sommet de la hiérarchie maçonnique, et dans les Arrière-
Loges, il tourne son poignard de Kadosch contre le
ciel, en poussant le cri sauvage des parfaits initiés :
« *Nekam, Adonaï !* Vengeance contre toi, ô Dieu des
chrétiens ! »

La révolution du 4 Septembre se produit. M. Jules
Simon est un des premiers à en bénéficier. Il est proclamé membre du gouvernement insurrectionnel, et
il s'attribue le portefeuille de l'instruction publique et
des cultes. On est alors dans une période de troubles
où les sectaires peuvent se croire tout permis. Le Juif
le Schweizer, le Simon Iscariote, va percer sous le

franc-maçon devenu, — ô dérision amère ! — ministre des cultes. Ainsi, dans une visite qu'il fait aux
écoles de Saint-Denis, quelques jours avant l'invatis-
sement de la capitale, il entre en fureur à la vue des
crucifix appendus aux murs des salles d'étude. « En-
levez-moi ces saletés-là ! » s'écrie-t-il ; et lui et sa
femme, aussi acharnés l'un que l'autre, à coups de
canne et d'ombrelle, ils brisent les crucifix, à la grande
joie des libres-penseurs de l'endroit.

Après la capitulation de Paris, M. Jules Simon est
envoyé à Bordeaux par Jules Favre pour faire préva-
loir les volontés du gouvernement central contre
celles de Gambetta. En fin politique, il a bien vite vu
que les élections vont tourner contre les radicaux, et
il s'empresse de donner des gages aux modérés ; ce
qui permet à M. Thiers de le maintenir comme ministre de l'instruction publique dans le cabinet de
conciliation formé le 19 février 1871. M. Jules Simon,
mis en échec à Paris, avait été élu, dans la Marne,
représentant à l'Assemblée Nationale.

Pendant la Commune, il adressa aux recteurs une
circulaire imposant aux professeurs de l'Université
une extrême réserve politique. Lors de son passage
au pouvoir, il entreprit, dans l'enseignement primaire
et secondaire, la série des bouleversements que la
Maçonnerie qualifie de réformes ; démasqué par
Mgr Dupanloup qui voyait clair dans son jeu, il quitta
le ministère le 18 mai 1873, six jours avant la chute
de M. Thiers. Toujours insinuant et habile, il sut,
malgré son passé plus que suspect, se rapprocher de
la droite légitimiste, à l'occasion de la nomination

des sénateurs inamovibles, et il réussit même à se faire élire, le 16 décembre 1875. Le même jour, l'Académie française lui donnait la succession de M. de Rémusat; ainsi, la même heure le faisait inamovible et immortel.

Lorsque le cabinet Dufaure se retira le 12 décembre 1876, après un double échec à la Chambre et au Sénat, M. Jules Simon accepta la mission de former, dès le lendemain, un nouveau ministère constitutionnel, dont il prit la présidence, avec le portefeuille de l'intérieur. Il déclara alors qu'il était à la fois « franchement républicain et résolument conservateur, partisan de la liberté de conscience, mais sincèrement respectueux de la religion ». La droite crut en la parole du bon apôtre et l'applaudit. Trois mois plus tard, M. Jules Simon prononçait la dissolution des comités catholiques, ordonnait une enquête sur les congrégations religieuses et interdisait la circulation des pétitions et adresses en faveur de Pie IX, victime des sectes. Il est bon de dire que, deux ans auparavant, l'hypocrite personnage avait été élu membre du Suprême Conseil de Paris et participait au Convent universel tenu à Lausanne par les chefs secrets de la Franc-Maçonnerie. Démasqué une seconde fois par Mgr Dupanloup, M. Jules Simon reçut du maréchal de Mac-Mahon un congé qui est resté célèbre sous le nom d'acte du 16 mai (1877). On connaît la suite.

Depuis lors, le faux bonhomme n'a jamais pu ressaisir un portefeuille. Dans ces derniers temps, il a changé une fois de plus son fusil d'épaule. A l'occasion du fameux article 7, qu'il a contribué à faire

rejeter, il s'est mis en opposition avec l'abominable
Jules Ferry et a paru même se séparer de la majorité
républicaine. Lors du mariage de la princesse Marie
d'Orléans avec le prince royal de Portugal, il a
publiquement fait sa cour au comte de Paris ; au
Sénat, il a maintenant une attitude assez correcte et,
d'ordinaire, suffisamment équitable en ce qui con-
cerne les questions qui intéressent les catholiques.
Mais, d'autre part, il n'a jamais renié ses mauvaises
actions de sectaire et a toujours fait, au contraire,
l'apologie de sa conduite passée ; jamais il n'a donné
sa démission de membre des loges, et même aujour-
d'hui encore sa maison est un foyer maçonnique des
plus ardents. On ne peut donc pas dire : « M. Jules
Simon a reconnu ses torts, s'est amendé, s'est con-
verti » ; mais le tenant en défiance, on est en droit de
se demander : « Quel rôle étrange cet homme joue-t-il
donc ? »

LE SAPAJOU

LOCKROY

Le sapajou, — ou mieux encore, le sajou, —
est le plus grimacier des singes ; et ce n'est pas
peu dire !

Inutile de décrire l'animal, tout le monde le
connaît ; c'est ce petit singe que les Savoyards
font danser, dans les rues de Paris et d'ailleurs,

affublé de vêtements grotesques, dont il est fort
gêné.

Le sapajou ordinaire vient, surtout, des forêts
de la Guyane et du Brésil ; le sapajou politique
est né sur les bords de la Seine. C'est le *simiolus lockroyus gambadens*. Il a appartenu successivement à plusieurs maîtres : d'abord à un grand
romancier populaire, célèbre par sa découverte
de l'île Monte-Christo ; ensuite, à un professeur
d'hébreu, réputé par ses blasphèmes. Puis, l'animal s'émancipa et vagabonda pendant de nombreuses années. Enfin, un poète, devenu quelque peu ramolli sur la fin de ses jours, réussit
à se l'attacher.

On donne communément au *simiolus gambadens* un petit nom, celui d'Edouard ; en réalité, il
s'appelle Simon, détail que beaucoup de personnes ignorent.

Le sapajou politique, imitateur comme tous
les singes, et ayant été dressé par des écrivains,
s'imagina, de bonne heure, que, pour écrire, il
suffit de prendre une plume, de la tremper dans
de l'encre et de noircir du papier. Aussi, passe-
t-il une grande partie de son temps à cet exercice. Il faut voir comme il se démène quand il
gribouille : il aligne, à la file, un tas de mots

incohérente ; et, lorsqu'il a ainsi rempli des pages, il est tout heureux, ravi de lui même, ne se rendant pas compte que ce qu'il a écrit ne signifie rien du tout, poussant même le contentement de soi jusqu'à se croire très spirituel.

Ses maîtres ayant eu l'occasion de le mener dans des assemblées parlementaires, le *simiolus gambadens* a voulu, lui aussi, être orateur. Rentré chez lui, il se met devant un miroir, et là il répète ses grimaces, remue les bras, bondit, pousse des cris perçants, sans aucune suite. Après quoi, lorsqu'il a bien appris sa leçon, il vient donner au public un échantillon de son savoir-faire, à la grande joie de l'assistance, qui rit de bon cœur de ses contorsions burlesques, de ses gambades cocasses, de sa voix rauque et sifflante émettant des sons mal articulés ; on applaudit à ses tours, à ses soubresauts, à ses manières de clown, et l'animal, satisfait de son petit succès, se prend alors pour un personnage.

Du reste, il faut le dire, Simon ou Edouard, comme vous voudrez, est très aimé des Parisiens ; ceux-ci le régalent en le bombardant de boulettes de papier, appelés « bulletins de vote ».

Personne n'ignore que le sapajou ordinaire est passionnément grimpeur ; on sait avec quelle

adresse il s'accrocha aux conduits des gouttières,
avec quelle agilité il sautille le long des balcons
et des balustrades de fer, souvent aux étages les
plus élevés des maisons, dans le but de solliciter
quelque menue monnaie des habitants. Le sapajou politique, lui, affectionne aussi la ferraille et
ne craint pas les hauteurs. C'est pourquoi les
Parisiens ont voté des sommes folles pour élever
sur le Champ de Mars un gigantesque tuyau
de fer, haut de trois cents mètres, qui ne servira
jamais à rien ; mais il paraît que cette tour
extravagante cause au *simiolus gambadens* un
plaisir insensé, et cela suffit.

NOTICE BIOGRAPHIQUE COMPLÉMENTAIRE

Né à Paris, mais fils d'un père né à Turin, Lockroy
ne s'appelle pas Lockroy. Son pseudonyme dissimule
un nom qui semble accuser une origine israélite ; son
nom de famille, Simon, sent, en effet, la julverie
d'une lieue. Donc, Édouard Simon, dit Lockroy, semi-
français, semi-italien, a vu le jour à Paris, le 18 juillet 1838.

Ses débuts dans la vie ont été marqués par une
grande hésitation. Il se destina d'abord à la pein-

ture et fut élève de l'école des Beaux-Arts ; seulement, comme chaque paysage qu'il brossait ressemblait à s'y méprendre à un plat d'oseille, ses tableaux ne se vendaient pas beaucoup, et il dut quitter le pinceau. Son père, qui était cabotin et qui connaissait Alexandre Dumas, le fit entrer chez le célèbre dramaturge-romancier; le jeune Edouard avait alors vingt et un ans. Dumas lui fit cumuler chez lui l'emploi de secré-taire et celui d'aide-cuisinier ; on n'ignore pas que l'auteur des *Trois Mousquetaires* était un gourmand hors ligne. Lockroy gagnait donc des appointe-ments en faisant des recherches aux diverses biblio-thèques de Paris pour le compte de son patron, et, entre temps, il raclait les carottes et râpait le fro-mage.

En 1860, Dumas père, apprenant que Garibaldi venait de quitter brusquement Gênes pour aller s'emparer de la Sicile (avec la connivence secrète de Victor-Emmanuel, qui paya les frais de l'expédition), fréta à la hâte un mignon bateau de plaisance et s'en fut flâner dans les eaux du roi de Naples; son but était de suivre à distance les événements, afin de les raconter en un volume. Lockroy accompagna le patron dans cette tournée d'amateur. Ils arrivèrent en Sicile, *trois jours après la prise de Palerme*, c'est-à-dire quand le coup de main des Mille était un fait accompli ; ce qui n'em-pêcha pas ce gros malin de Dumas de narrer, absolu-ment comme s'il y avait assisté, le débarquement de Marsala, la bataille de Calatafimi et l'assaut de Palerme. Lockroy, qui était à la hauteur du patron, finit à son tour par se convaincre qu'il avait été le bras droit de Garibaldi dans cette expédition, et, rentré en France, il s'intitula modestement : *un des Mille*. Le surnom lui en est resté. A Paris, quand un cercle républicain organise une petite fête garibaldienne, il ne manque jamais d'en donner la présidence au héros Lockroy, « un des Mille » (saluez !) ; et le vaillant homme, pour ouvrir la séance, débite son discours, dans lequel il explique, avec force grimaces et gestes désordonnés, comment, à Palerme, il enleva le pont de l'Amiroglio, à la tête des Mille garibaldiens. Malheureusement, pour ôter toute illusion aux naïfs à cet égard, il existe, en Italie, une brochure publiée par Garibaldi lui-même, éditée par son ami Maurizio Quadrio, laquelle donne les noms des fameux Mille ; il y a là mille et quelques noms, mais celui de Lockroy ne s'y trouve pas, naturellement. En outre, Garibaldi a écrit une longue narration de l'expédition de 1860 ; ici encore, silence absolu sur le héros Lockroy, et pourtant le général-condottière n'oublie aucun de ses compagnons d'armes.

Après avoir ainsi conquis Palerme sur le roi de Naples (en raclant les carottes de Dumas à bord de son yacht), le grand capitaine Lockroy, pour se reposer des fatigues de la guerre, s'engagea dans une expédition plus pacifique : il accompagna M. Ernest Renan lors de son voyage archéologique en Judée et en Phénicie (1860-1864). Cette fois, le jeune rapin manqué, fils de cabotin, était monté en grade : Renan se borna à lui confier le soin de prendre des notes et ne lui demanda pas, à titre de service supplémentaire, de vouloir bien éplucher les légumes destinés à sa table. Dès lors, Lockroy put se croire réellement homme de lettres.

En 1868, le goût des planches le prend, et le voilà qui fait jouer un vaudeville intitulé : *le Zouave est en bas*. C'est, assurent ses amis, sa meilleure œuvre littéraire. Quelques articles de lui sont acceptés au *Figaro* ; il collabore au *Diable à Quatre*, petit pamphlet hebdomadaire, pâle imitation de la *Lanterne* de Rochefort. Enfin, il entre au *Rappel*, fondé par Auguste Vacquerie ; et voilà notre saltimbanque devenu, cette fois, un personnage politique.

Survient la guerre avec l'Allemagne. L'ancien pseudo-Mille ne pouvait manquer de se faire donner des épaulettes ; il est élu chef d'un bataillon de la garde nationale parisienne. L'histoire a oublié de mentionner ses faits d'armes sous les murs de la capitale. J'ai eu beau feuilleter les dictionnaires de biographies, je n'ai rien trouvé à la gloire du commandant Lockroy pendant le siège. Sans doute, il s'est signalé par quelque trait héroïque — comme à Palerme ! — sans doute, il a infligé à l'ennemi quelque sanglante défaite ; sans doute, il a gagné quelque grande bataille. Mais l'histoire est si oublieuse !

Le 8 février 1871, Lockroy, dit le Condé moderne, est nommé député de la Seine à l'Assemblée nationale par 134,883 voix ; la Ville-Lumière le récompensait de l'avoir si vaillamment défendue.

Après le 18 mars, il signa la proclamation des députés de la Seine et des maires de Paris, consentant aux élections de la Commune révolutionnaire ; puis, il donna sa démission de député. Ménageant la chèvre

11.

et le chou, il s'entremit pour faire cesser les hostilités entre la Commune et le gouvernement de Versailles, mais en laissant voir néanmoins, — soyons juste, — ses préférences très marquées pour les bandits de l'Hôtel de Ville. Sa conduite, assez louche dans ces circonstances, lui valut une arrestation, ordonnée par M. Thiers; il fut conduit à Versailles, puis transféré à Chartres, et finalement, il bénéficia d'une ordonnance de non-lieu; quelques-uns de ses amis républicains, alors au pouvoir, étaient intervenus en sa faveur.

Conseiller municipal de Paris (juillet 1871), il fonda un journal quotidien, *le Peuple Souverain* (mai 1872) qui mourut faute de lecteurs. Sans se décourager, il en fonda un autre, *le Suffrage universel*, qui périt également d'inanition. Alors, voyant que son talent n'était pas suffisamment apprécié du public quand il était rédacteur en chef, il rentra au *Rappel*. Dans l'intervalle, il avait eu deux procès et un duel avec M. Paul de Cassagnac. Son second procès lui avait valu un mois de prison. Tandis qu'il gémissait sur la paille humide des cachots, les électeurs marseillais, qui ont l'âme bonne, comme chacun sait, se sentirent pris de pitié pour cette noble victime, et Lockroy, dit le chef des Mille, fut élu député des Bouches-du-Rhône, trondeler!... Je n'étonnerai personne en disant qu'il alla siéger à l'extrême-gauche. Il vota l'amendement Wallon, qui constitua la République à une voix de majorité.

En 1876, il fut élu à la fois à Paris (arrondissement des Batignolles) et dans la première circonscription d'Aix (Bouches-du-Rhône); il opta pour le siège que lui donnaient ses admirateurs provençaux. Il va sans dire qu'il fut un des 363 ; les citoyens aixois, très fiers d'avoir pour député cet illustre émule des Crillon et des Turenne, le réélurent avec enthousiasme.

Lors des élections du 21 juillet 1881, il passa encore dans deux circonscriptions : à Aix et à Paris (onzième arrondissement). Ce coup-ci, il lâcha les Aixois pour les Parisiens.

Ce fut le moment de sa grande popularité dans la Ville-Lumière. Il avait épousé, en 1877, la veuve de Charles Hugo ; il était devenu ainsi le quasi-gendre du poète qui, après avoir écrit les *Odes et Ballades*, est dégringolé à cette inénarrable bêtise qui a pour titre *l'Ane*, indice certain d'un ramollissement complet. Dans toutes les fêtes populaires, Lockroy fut dès lors le représentant obligé du gaga lyrique, que l'on ne ne sortait plus; et les applaudissements, que la foule gobeuse décernait à Victor Hugo, étaient recueillis par le pseudo-Mille qui se rengorgeait, je ne vous dis que ça !

A la mort de son quasi-beau-père (22 mai 1885), en l'honneur de qui la République laïcisa le Panthéon, la popularité de l'ex-rapin Lockroy fut à son apogée. On sait quelles funérailles fanstastiques le gouvernement fit à Victor Hugo. Aussi, au renouvellement de la Chambre qui eut lieu quatre mois après, le quasi-gendre fut porté sur toutes les listes républicaines de Paris et élu député de la Seine, le premier par 272,680 voix sur 433,990 votants. Lockroy témoigna sa reconnaissance aux Parisiens en se faisant le promoteur de la tour Eiffel.

Désireux de décrocher un portefeuille, il a, depuis cette élection, légèrement tourné à l'opportunisme; l'ancien intransigeant vote maintenant pour le Tonkin, d'une façon très régulière. Aussi a-t-il eu le désagrément de constater naguère que sa popularité était fortement entamée : aux élections de 1889, il a posé sa candidature dans la deuxième circonscription du X° arrondissement de Paris, et il n'a réuni sur son nom, le 22 septembre, que 6,538 suffrages, sur 14,300 votants; c'est seulement au ballottage qu'il a été élu, par 7,011 voix, dans une circonscription qui compte 17,059 électeurs inscrits. Ce n'est pas brillant; mais l'important, pour Lockroy, est d'avoir été réélu, et il méprise profondément ceux qui n'ont pas voté pour lui et même se moque bien de ses propres électeurs.

Sa volte-face opportuniste lui a permis de faire partie de plusieurs cabinets à partir du 7 janvier 1886 : l'ex-racleur de carottes du père Dumas a été ministre du commerce! l'auteur du *Zouave est en bas* a été ministre de l'instruction publique et grand maître de l'Université!

Si la République dure, le pseudo-Mille deviendra, à coup sûr, ministre de la guerre.

L'ORFRAIE

COCHERY

L'orfraie est une sorte de chouette, qui, à raison des méfaits nocturnes auxquels elle doit sa célébrité, jouit d'une fort mauvaise réputation. La variété politique des orfraies ne possède pas non plus de nombreuses sympathies ; on la trouve dans les différents pays d'Europe, et

partout elle est conspuée. Parmi les orfraies
politiques, en France, l'individu le plus réputé
est l'orfraie anti-épistolaire, *ossafraga cocherya
anti-epistolaris*, ainsi nommée parce qu'elle s'attaque surtout aux lettres. Nous allons voir tout
à l'heure comment l'animal procède ; décrivons-
le d'abord.

Ce rapace a un plumage soyeux, agréablement bigarré, qui forme une livrée assez riche
pour un oiseau de nuit. Sa face aplatie est entourée d'un cercle de petites plumes fines et tirant sur
le gris. Le bec est légèrement rougeâtre. Les
yeux ronds, très ouverts, noirs, ont l'iris jaune.
Le dos est de couleur sombre, tandis que l'estomac et les pattes ont un plumage de couleur
claire ; les doigts se terminent par des ongles
noirs, griffes acérées.

L'animal affectionne particulièrement les trous
des murailles, les cavités des rochers, les creux
des vieux arbres.

Son activité tient du prodige ; mais c'est surtout la nuit qu'il se distingue.

Installé dans son domicile favori, qu'on nomme
l'hôtel-des-postes, il se tapit au fond d'un « cabinet noir », et là, il attend. De même que le
corbeau est le fléau des champs de bataille, l'or-

fraie s'attaque de préférence aux courriers. Une de ses manœuvres mérite d'être signalée ; elle démontre à quel point cet oiseau nocturne est rusé.

Tout le monde connaît cet appareil bizarre, dit boîte-aux-lettres, qui se remarque par nombreuses quantités dans les grandes villes, et qu' de nos jours existe jusqu'au sein des plus petites communes. Cet appareil est un piège très ingénieux, qui sert à prendre les poulets sans malice ; par poulet, il faut entendre ici, non une vulgaire volaille, mais une feuille de papier pliée et mise sous enveloppe. Ces poulets, fort inconscients de leur nature, se jettent naïvement dans la grande fente béante de la boîte aux lettres, et, ma foi, les voilà pris et bien pris ; une fois qu'ils sont dans le piège, pas moyen pour eux de s'en sortir.

L'oiselier qui a tendu le piège, et qui n'est autre que le facteur, arrive, s'empare des poulets et en remplit sa sacoche, pour se rendre aussitôt à l'hôtel-des-postes. C'est là ce qu'attend l'orfraie.

Notre rapace, volant de travers et culbutant comme les hiboux, se précipite sur le facteur et le dépouille en un clin d'œil. Quelquefois même, il n'a pas la patience d'attendre : il va directement aux pièges, et, avec une habileté extraordinaire, il sait extraire les poulets des boîtes-aux-lettres.

Mais, ce n'est pas tout.

Une fois en possession de son butin, l'orfraie ne le dévore pas gloutonnement, comme on pourrait se l'imaginer. L'animal tourne et retourne dans ses griffes chaque poulet, rejetant ceux dont il juge qu'il n'aura rien à faire, et réservant avec soin ceux qui lui paraissent de bonne prise. Alors, il déploie toutes les ressources de sa dextérité. Prestement, il fait sauter les cachets des enveloppes ; puis, il se délecte à la contemplation des petits papiers qu'il a si adroitement retirés ; il savoure son méfait, il en éprouve une véritable jouissance. Enfin, après avoir détourné les poulets politiques les plus intéressants, il replace les autres sous leurs enveloppes, rétablissant les cachets et opérant avec une telle adresse qu'il n'y paraît rien.

C'est toujours pendant la nuit qu'il accomplit ces exploits, loin de l'œil des curieux, seul, sans aide, dans son cabinet noir. Ses aptitudes spéciales lui permettent de « travailler » ainsi. L'obscurité lui plaît, les ténèbres lui conviennent parfaitement pour sa détestable besogne.

Le jour, il se rend parfois dans la forêt du Luxembourg et se juche sur un siège élevé. Il semble alors indifférent à tout ce qui se passe autour de lui; souvent, il dort, tandis que les autres animaux prennent leurs ébats; il se tient immobile, le bec caché dans ses plumes.

Parfois, cependant, il vole à la tribune, y demeure quelques minutes, et fait entendre sa voix aigre et lamentable, cri monotone et sinistre qui répand l'effroi parmi les petits oiseaux, et que l'écho de la vallée répercute au loin.

NOTICE BIOGRAPHIQUE COMPLÉMENTAIRE

M. Cochery (Louis-Adolphe) est né à Paris, le 26 avril 1810. Après avoir fait ses études au collège Bourbon, il se destina au barreau. Reçu avocat à vingt ans, il fut, en compagnie de MM. Buffet, Allou et Ernest Picard, un des secrétaires du bâtonnier F. Liouville. Il entra d'assez bonne heure dans la politique, par la porte révolutionnaire : le 24 février 1848, en effet, il sut se faire agréer comme chef de cabinet du garde des sceaux du gouvernement provisoire. Mais bientôt le ministre son chef disparut avec le premier cabinet de la République, et M. Cochery reprit sa place au barreau.

A cette époque, il plaida pour divers journaux avancés. Mais il se garda bien de se compromettre, et, lors du 2 décembre, il fit le mort.

C'est seulement en 1856 que nous le voyons rentrer dans l'arène politique, tout en restant au second plan. Il fut administrateur de l'*Avenir National*. Puis, il profita de la nouvelle loi sur la presse (1868), pour fonder, dans le département du Loiret, un journal, *l'Indépendant de Montargis*, dont il fut le rédacteur et l'éditeur. En réalité, il venait de créer, à son usage personnel, une machine à réclame électorale. Le soi-disant organe indépendant ne poursuivit, en effet, qu'un but : préparer à son rédacteur les voies pour une candidature au Corps législatif. Aux élections générales de mai 1869, M. Cochery fut élu député au second tour de scrutin ; l'*Indépendant* n'avait pas perdu son temps. Notre homme prit place au centre gauche. En juillet 1870, au moment où il ne fallait qu'une étincelle pour mettre le feu aux poudres en Europe, il interpella le gouvernement sur la candidature du prince de Hohenzollern à la couronne d'Espagne. Après quoi, lorsque les affaires prirent une mauvaise tournure, il vota contre la guerre.

Lors de la révolution du 4 Septembre, il fut au nombre des députés qui essayèrent de faire légitimer l'insurrection triomphante par le Corps législatif.

Le gouvernement, dont le faussaire Jules Favre était l'âme et la tête, le nomma commissaire de la défense nationale dans le Loiret. Peu après, les Prussiens mirent le siège devant Orléans, où M. Cochery commandait en petit proconsul. La ville tomba en leur pouvoir. M. Cochery n'était pas Jeanne d'Arc !...

A quelque temps de là, il accompagna M. Thiers à Versailles, lors des négociations en vue d'un armistice. Puis, à Tours, il s'associa aux protestations des anciens députés qui réclamaient la convocation d'une assemblée. Nous n'hésitons pas à reconnaître qu'en ces circonstances sa conduite fut parfaitement correcte. L'honneur national était sauf ; on avait vaillamment lutté ; Paris était toujours debout ; mais la prolongation de la guerre était inutile, après la capitulation de Metz qui nous avait privés de nos dernières vieilles armées, et, d'autre part, l'anarchie politique était à son comble. Il était patriotique de délivrer honorablement la France du fléau de la guerre et de rétablir l'ordre dans le pays. Malheureusement, la cessation des hostilités et l'élection d'une assemblée ne faisaient pas l'affaire des pêcheurs en eau trouble qui s'étaient emparés du pouvoir par surprise. Enfin, la guerre cessa ; mais, hélas ! l'obstination des « outranciers » valut à Paris la honte de voir la soldatesque allemande défiler dans ses murs.

Aux élections du 8 février 1871, M. Cochery fut nommé représentant du Loiret à l'Assemblée nationale. Il prit d'abord place au centre-gauche, sauf à se rallier plus tard aux opportunistes. En 1876, il posa sa candidature à la Chambre et fut élu député de l'arrondissement de Montargis. Au 16 mai, il fit partie des 363 et fut réélu. A la formation du cabinet Dufaure, il entra au ministère comme sous-secrétaire d'Etat aux finances.

Le 1er mars 1878, il réunit le service des postes et

des télégraphes sous une même direction, transformée, par décret du 5 février 1879, en un ministère spécial dont il fut nommé titulaire et qu'il n'abandonna pas de longtemps. En effet, il conserva son portefeuille des postes et des télégraphes dans les cabinets qui se succédèrent depuis lors : ministère Jules Ferry (23 septembre 1880), ministère Gambetta (14 novembre 1881), ministère de Freycinet (31 janvier 1882), ministère Duclerc (7 août 1882), ministère Fallières (30 janvier 1883), ministère Jules Ferry (20 novembre 1883). On s'était habitué à le considérer comme l'homme indispensable. A la vérité, M. Cochery a été le promoteur de nombreuses améliorations dans le service postal et télégraphique. C'est à ses efforts que nous devons l'adoption par les Chambres du tarif uniforme de 15 centimes pour les lettres en France et 25 centimes pour l'étranger et celle du tarif télégraphique unique de 5 centimes par mot. Cette réforme, que quelques esprits étroits avaient longtemps écartée, la croyant préjudiciable aux intérêts du Trésor, prouva, au contraire, aussitôt accomplie, que M. Cochery avait vu clair ; le rendement des postes et télégraphes augmenta d'une façon très sensible, dès que les nouveaux tarifs furent appliqués.

Aux élections générales du 4 octobre 1885, pour lesquelles le scrutin de liste fut rétabli, M. Cochery voulut jouer dans le Loiret le rôle de grand électeur de son parti. Cette attitude déplut fort à beaucoup de républicains. Il avait composé une liste opportuniste en tête de laquelle il s'était placé et dans laquelle il avait en outre inscrit son fils. Ce trop grand amour de la famille produisait un assez vilain effet. Les indépendants du parti se réunirent et opposèrent leur liste à celle de Cochery père et fils. Et notre homme, qui, jusqu'alors, avait passé triomphalement, le premier au scrutin de liste (en 1877), et sans concurrent au scrutin uninominal (en 1876 et en 1881), ne fut élu, cette fois, que fort péniblement, au ballottage, et seulement le troisième sur six ; quant à son fils, il n'arriva que bon dernier.

M. Cochery fut très mortifié de cet échec relatif, et, à la première occasion, il donna sa démission de député pour entrer au Sénat. Le suffrage universel lui inspirait désormais une profonde défiance : il pensa que seule la chaise curule de père conscrit était solide. Aujourd'hui, il siège donc dans la nécropole du Luxembourg.

Nous avons raconté la vie de l'homme, et nos lecteurs rendront hommage à notre impartialité. Il ne nous en coûte pas, quand un de nos adversaires a accompli une réforme, de le reconnaître et de lui en faire honneur. Aussi, sommes-nous bien à l'aise pour critiquer M. Cochery au sujet de la partie la plus délicate de ses fonctions.

Si M. Cochery a été longtemps tenu par le gouvernement de la République pour le chef indispensable des postes, ce n'est pas seulement parce que ce ministre apporta des améliorations aux différents services ; c'est aussi parce que nul ne s'entendait mieux que lui à mettre en œuvre le *cabinet noir*. Sous le régime actuel, le décachetage des lettres les plus intimes a atteint des proportions véritablement scanda-

leuses; celui qui écrit ces lignes en sait quelque chose !
Les secrets des familles ne sont plus respectés. Il suffit qu'un homme s'occupe quelque peu de politique
pour que ses lettres et celles qu'on lui adresse soient
audacieusement violées. Cette sale besogne s'opère
tant dans les bureaux spéciaux du ministère de l'Intérieur que dans les bureaux ambulants. M. Cochery,
pendant son long passage au pouvoir, a réorganisé
le cabinet noir ; grâce à lui, les opportunistes ne
se gênent plus. Voilà encore une des raisons pour
laquelle la République est aujourd'hui un objet
de dégoût ; voilà pourquoi M. Cochery, malgré ses
réformes utiles, gardera devant la postérité un nom
couvert d'opprobre.

LA TAUPE

DE HÉRÉDIA

L'échelon intermédiaire entre l'homme et la taupe, bien que vivant en France, est originaire de Cuba. C'est la taupe hérédiane, *talpa heredia*.

L'animal ordinaire est un genre de mammifère insectivore, type de la famille des talpidés et de la tribu des talpiens; ce genre comprend deux espèces qui habitent l'Europe. Quant à l'individu qui, à raison de sa quasi-ressemblance humaine, nous occupe, il est aussi mammifère, mais surtout budgétivore; il réside aux Batignolles; sa taupière préférée est dans le sous-sol d'un temple maçonnique appelé l'*Étoile Polaire*.

La taupe hérédiane, dont la famille avait rongé beaucoup de cannes à sucre et causé de grands dégâts chez les Cubains, vint s'établir en France; et c'est par une tolérance inexplicable qu'on s'est habitué à la considérer comme un animal français.

L'individu est nègre. De là, l'expression si usitée : « Noir comme une taupe. »

Longtemps inconnu, il fut découvert par les Parisiens, un jour de pluie de votes, tapi au fond d'une urne électorale. Cette découverte est postérieure à 1870. Pendant le siège de Paris, la taupe hérédiane, dont la prudence est fameuse, s'était cachée dans les caves d'une maison du quartier Monceau, à l'abri d'un vieux drapeau espagnol rapporté de la Havane; on le voit, cet animal a des goûts très caractérisés pour la vie souterraine.

Chez la taupe hérédiane ou taupe de Cuba, la structure ordinaire des insecto-budgétivores est profondément modifiée ; ces modifications portent surtout sur la tête et les membres antérieurs. La tête, au lieu d'être longue comme celle de ses congénères, est plate ; les dents seules sont restées longues. Par suite d'une erreur trop répandue, l'animal est réputé aveugle. Il n'est que myope ; il doit cette infirmité à ses occupations ténébreuses favorites.

Ce qui frappe tout d'abord dans le museau, ce sont deux énormes lèvres, lippeuses et charnues, mobiles, fortement musclées, qui servent à l'animal d'organes de tact en même temps que d'instruments de préhension. La confusion ou la réunion de ces deux facultés dans un même organe n'a pu se faire forcément qu'au détriment de l'une des deux : c'est le tact qui a sombré, l'animal en manque d'une façon presque absolue ; en revanche, l'habileté à saisir s'est développée d'une manière étonnante. Ce merveilleux instinct lui est, en quelque sorte, une compensation à sa pénurie d'intelligence ; car, vu l'atrophie du cerveau, l'intelligence est restée chez la taupe cubaine, à l'état le plus rudimentaire : c'est donc cet instinct qui lui sert à se guider dans sa lutte pour l'existence. A l'aide de ses lèvres et de ses extrémités supérieures, extrêmement vigou-

reuses, terminées par deux pseudo-mains en
forme de truelle maçonnique, l'animal, enfoui
dans le sol, sape, creuse, mine, construit ses
galeries, toujours en quête de nourriture, atta-
quant dans leurs racines les croyances les plus
vivaces.

Le caractère prédominant des talpidés est, en
effet, une voracité à nulle autre pareille et que
rien ne rassasie. Ce besoin, qui est exalté chez
la taupe vulgaire, ne l'est pas moins chez l'espèce
cubaine. C'est un épuisement ressenti jusqu'à la
frénésie; à sa taupière maçonnique des Batignolles, l'animal a poussé la gloutonnerie au
point de ne pas hésiter à se repaître de jeunes
sœurs-taupes de sa tribu, appartenant à la catégorie de la sœur-taupe d'adoption, *talpa femina
maçonica*.

Mais la taupe hérédiane ne se borne pas à
creuser ses galeries dans les sous-sols des Batignolles, comme on pourrait le croire. Les travaux publics sont aussi, pour l'animal, un milieu favorable; il s'y plaît, s'y cantonne, et là,
dans les obscures mines budgétaires, il donne
une chasse enragée à tout ce qui est de nature à
satisfaire son appétit insatiable. Il établit également ses tranchées souterraines dans les argiles

parlementaires ; mais ici, il est gêné et manœuvre maladroitement ; l'animal, très gaucher de sa nature, s'élance avec fureur sur sa proie, dès qu'elle est à sa portée, et rien ne lui coûte alors pour assouvir sa faim. A cet instant, il oublie les dangers qui peuvent le menacer, ne songeant qu'à mordre et à engloutir.

Puis, comme la digestion est très rapide, la voracité de la taupe reparaît après un court repos, et de nouvelles explorations sous terre recommencent pour la recherche d'autres vivres.

Tout y passe, même des objets mobiliers, dans les habitations où elle a élu domicile : chaise de conseiller municipal, fauteuil de conseiller général, tribune de député, portefeuille de ministre, elle a tout dévoré.

NOTICE BIOGRAPHIQUE COMPLÉMENTAIRE.

Avec M. de Hérédia, nous reprenons la série des faux Français. Ce personnage est Cubain, non pas par accident, mais bel et bien par origine personnelle et par l'origine de toute sa famille. Severiano de Hérédia est donc né, disons-nous, à l'île de Cuba, le

8 novembre 1836. Son père était un riche planteur,
menant la vie dure, comme la plupart des planteurs,
aux pauvres nègres qui cultivaient ses cannes à sucre.
Les plantations de la famille de Hérédia sont situées
sur le territoire de la Havane.

Le jeune Severiano fut amené à Paris en 1844,
pour y faire ses études. Il fut placé au collège Louis-
le-Grand. L'enfant était intelligent. Il se distingua
parmi ses camarades. A son année de sortie du collège,
en 1855, il remporta un prix d'honneur.

Dès lors, il s'adonna à la littérature. D'abord, ce
fut la poésie qui le tenta, et il élucubra pas mal de
pièces de vers. Mais là n'était point sa voie; Pégase
se montrait rétif. Les œuvres poétiques du futur
député de Paris sont, en effet, demeurées chez l'éditeur, si tant est qu'elles ont été éditées. En tout
cas, elles sont complètement ignorées du public. La
Revue de Paris, que dirigeaient MM. Louis Ulbach et
Laurent Pichat, le compta au nombre de ses collaborateurs. Vers 1865, il fut un des correspondants de la
Revue hispano-américaine. Voilà notre homme lancé
dans le journalisme. Vers cette même époque, il s'affilia
à la secte internationale de la Franc-Maçonnerie, dont
il devait devenir une des hautes lumières.

Un décret du 23 juin 1866 l'autorisa à résider définitivement en France. Néanmoins, ce ne fut qu'en
1871, après la guerre, qu'il fut naturalisé Français.
Pendant l'invasion prussienne, il aurait pu, s'il avait
sincèrement aimé la France, s'engager dans la légion
étrangère. Il ne le fit pas. On l'a accusé d'avoir fait
arborer le drapeau espagnol à son domicile de Paris,

pour protéger également la maison qu'il possédait au quartier Monceau (arrondissement des Batignolles).

Cependant, M. de Hérédia se prodiguait dans les loges ; il avait compris que la Franc-Maçonnerie est une société de protection mutuelle des ambitieux sans scrupules, et il se créait partout, dans ce monde d'intrigants, des relations profitables.

Il était de tous les comités, de toutes les ligues.

Dès 1871, il lançait, pour attirer l'attention sur lui, un appel aux ennemis de la religion, dans lequel il prônait la nécessité de « la laïcité absolue des programmes dans l'école », ajoutant avec l'hypocrisie qui caractérise les francs-maçons : « Nous garderons le respect le plus entier pour les sentiments religieux des parents ; nous leur laisserons la liberté de donner au dehors de l'école, à leurs enfants, tel enseignement dogmatique qui leur conviendra. »

On le voit, les francs-maçons ne parlaient pas encore de rendre obligatoire l'enseignement athée qu'ils demandaient ; ils prétendaient se borner à le vouloir libre.

C'est en se mettant à la tête de pétitionnements de ce genre, que M. de Hérédia réussit à forcer l'attention des électeurs républicains de son arrondissement. Il ne lui manquait qu'un comité pour présenter sa candidature à la prochaine occasion. Ce comité, ce fut la loge du quartier Monceau qui le forma.

Dans les premiers jours de l'année 1873, une vacance se produisit au conseil municipal de Paris pour le dix-septième arrondissement ; c'était celui où M. de Hérédia résidait. Il saisit la balle au bond, se présenta

sous les auspices du comité que les électeurs igno-
raient avoir été formé par la loge et qu'ils croyaient
naïvement être un comité républicain ordinaire ; le
tour fut joué ; Severiano passa. Le remuant Cubain
était naturalisé depuis vingt mois à peine, et les électeurs d'un arrondissement de la capitale de la France
le choisissaient pour leur représentant !

Il fut réélu en 1874, en 1878 et en 1881.

Au conseil municipal, il remplit fidèlement le mandat que la secte lui avait donné : il fut un des plus
acharnés promoteurs de la laïcisation des écoles.
Enlever les jeunes âmes à l'Église, c'était pour lui le
principal article de son programme.

En 1879, il fut rapporteur du budget de la ville de
Paris. Après avoir été deux fois secrétaire du conseil,
puis vice-président, il fut enfin porté à la présidence.
Le premier magistrat électif de la capitale de la
France fut un nègre.

Severiano était alors mûr pour la députation.

Présenté, — toujours par ses collègues de la loge,
— aux suffrages des électeurs de la première circonscription du XVII° arrondissement, il fut élu député,
le 21 août 1881, par 4,368 voix. A la Chambre, il
s'inscrivit au groupe opportuniste. Ses fonctions
législatives ne l'empêchèrent point de se mêler à des
sociétés financières, qui avortèrent misérablement
(société d'assurances *la République*).

Lorsque le scrutin de liste fut rétabli et quand les
élections générales eurent lieu, en octobre 1885, pour
le renouvellement de la Chambre, il fut porté sur la

liste de l'Alliance républicaine de la Seine, grand comité électoral fonctionnant sous l'inspiration de Jules Ferry. On sait qu'au premier tour de scrutin les républicains se divisèrent en trois camps : les opportunistes, les radicaux et les socialistes révolutionnaires. On n'a pas oublié non plus la victoire des conservateurs dans presque toute la France à ce premier tour de scrutin ; cent soixante-dix-sept adversaires de la République conquirent d'emblée un siège de représentant. Ce fut une vraie panique chez les partisans du régime actuel. La Franc-Maçonnerie intervint alors pour faire cesser les divisions et réunir toutes les factions démagogiques sous son drapeau.

M. de Hérédia fut un des plus ardents artisans de cette fusion des groupes, opérée par ordre de la secte. Il se multiplia. Les comités, naguère rivaux, se réunirent au Grand Orient de France, siège officiel de l'une des principales branches de la Franc-Maçonnerie ; on s'embrassa fraternellement, et une seule liste fut présentée aux républicains parisiens pour le scrutin de ballottage. Severiano fut élu par 284,133 voix sur 414,360 votants.

Au grand étonnement de beaucoup, à la surprise de ceux qui ignorent comment la Franc-Maçonnerie sait imposer ses volontés, M. de Hérédia, qui a fort peu brillé comme député, reçut le portefeuille des travaux publics lors de la formation du cabinet Rouvier (31 mai 1887). Son rôle fut très effacé ; ce qui ne l'empêcha pas d'être criblé de lazzis par la presse ; on l'appelait « le nègre du ministère », et ce sobriquet lui est resté, pendant tout son passage au pouvoir. Il démissionne, avec ses collègues, à la chute du président Grévy.

Les élections générales de 1889 l'ont rendu à la vie privée, ou, pour mieux dire, l'ont obligé à concentrer désormais son zèle dans les loges et arrière-loges. Sa candidature, posée dans la première circonscription du XVIIe arrondissement, a échoué d'une façon lamentable; au scrutin du 6 octobre, les électeurs lui ont préféré M. Le Senne, avocat, candidat révisionniste.

Comme franc-maçon, le F.·. de Hérédia est classé dans la catégorie des gros bonnets. Il est le chef tout-puissant de la loge l'*Étoile polaire* (orient des Batignolles, XVIIe arrondissement), dont il a été plusieurs fois Vénérable, c'est-à-dire président, et à laquelle il a annexé une loge de dames (Sœurs Maçonnes). Il a été aussi membre du Conseil de l'Ordre, au Grand Orient de France. Il est un des directeurs secrets de la secte dans notre pays.

LE CRAPAUD

CAMILLE PELLETAN

Les batraciens forment une classe particulière
de vertébrés qui servent, en quelque sorte,
d'intermédiaires entre les reptiles et les poissons ;
en outre, ces animaux sont amphibies. Le crapaud, qui ne saurait passer inaperçu dans cette
classe, est un genre de batraciens, se distinguant

par les caractères suivants : corps ramassé, presque globuleux, couvert de verrues, d'où suinte une humeur fétide ; membres courts ; quatre doigts tout à fait libres, le troisième plus long que les autres ; langue allongée, libre, non entaillée en arrière comme celle des grenouilles ; point de dents palatines ; deux grosses glandes sous le cou.

Mais nous n'avons pas à nous occuper ici du crapaud vulgaire ; c'est le sous-genre politique, *horrendus bufo pelletanus*, qui nous intéresse.

Comme les autres crapauds, du reste, celui-ci semble fait pour inspirer l'horreur. L'animal est toujours sale, dégoûtant ; sa démarche est pesante ; sa peau est couverte de boutons pustuleux ; son corps suinte une espèce d'huile âcre, puante ; sa tête est garnie de cheveux remplis de crasse et de vermine ; bref, tout en lui est repoussant. Ses manières sont grossières ; ses attitudes sont ridicules et ignobles en même temps. L'animal n'a pas conscience de sa laideur ; il lui arrive même de se dandiner, d'une façon grotesque : imaginez Quasimodo qui croirait être le type suprême de la beauté idéale.

On est fixé depuis longtemps sur l'innocuité parfaite du liquide que secrètent les pustules du crapaud vulgaire; les zoologistes ont reconnu que ce liquide nullement venimeux, en dépit du vieux préjugé, est sans aucun danger pour l'homme. Mais il n'en est pas de même du crapaud radical. Sa mauvaise humeur, à lui, est empoisonnée, et ses glandes renferment une liqueur noire ou encre calomnieuse, dont le hideux batracien éclabousse ses adversaires.

D'autre part, contrairement au crapaud de nos jardins, le crapaud politique n'est susceptible d'aucune éducation. Personne n'a pu réussir à l'apprivoiser, à lui inculquer les principes d'une bonne tenue.

Une étude curieuse à faire, c'est celle de la métamorphose que subit l'animal pour arriver à être le batracien que nous connaissons.

Il naquit à l'état de larve, appelée têtard, sortant d'un œuf littéraire enveloppé de la gelée visqueuse d'un enseignement irréligieux; cet œuf avait été déposé par le crapaud père dans la mare de la petite presse radicale. C'est là que le têtard s'éleva. Longtemps dépourvu de membres, il s'est complété peu à peu; les pattes postérieures se sont montrées d'abord, se développant lentement; puis, le tour est venu des pattes antérieures, dont l'une d'elles, la droite, lui sert à

presser la glande qui contient le liquide noir, si
malfaisant, dont il vient d'être question. Enfin,
le têtard a perdu l'appendice caudal qui l'aurait
gêné dans ses sauts terrestres de crapaud politique, et il a quitté sa petite mare pour venir vivre
sur le terrain parlementaire et les étangs de la
grande presse parisienne.

Ce batracien, à qui un air malsain n'est nullement nuisible, puisqu'il respire sans en être
incommodé les émanations les plus putrides des
cloaques clémencistes, tient de la nature du reptile, dès qu'il a cessé d'être têtard, c'est-à-dire
poisson. Il lui arrive quelquefois d'être pris par
une trombe électorale, qui met à sec les marécages parisiens et se transporte souvent fort loin
en province. Alors se produit un phénomène,
bien fait pour étonner les populations : le ciel se
couvre de nuages épais, gros de candidatures
exotiques ; l'orage éclate, les nuages crèvent et
font pleuvoir, sur le pays où s'arrête la trombe,
un déluge de crapauds parlementaires. C'est par
le fait d'une de ces trombes que notre batracien
a été, un jour, transporté tout à coup en Provence, avec un certain nombre de ses congénères.

Le *bufo pelletanus* est, en outre, organisé de
façon à pouvoir vivre sans mouvement et dans un

jaune absolu; c'est là encore une des particularités les plus étranges de cet animal. Ainsi, lorsque le docteur Suffrage, savant naturaliste, veut jouer un tour à notre batracien, il le bloque dans le plâtre gâché d'un scrutin raté, et il fait sécher le plâtre au four électoral. Le crapaud est pris et bien pris. Il ne bouge plus. Que le naturaliste brise, au bout de trois ou quatre années, cette enveloppe solidifiée, et le crapaud s'élance, mieux portant que jamais, comme si aucune mésaventure ne lui était arrivée. Il est à la fois fossile et vivant.

Il a aussi de longues périodes de sommeil. Il s'endort, à la façon des marmottes, dans les trous des commissions législatives; il demeure là, engourdi, au milieu des couleuvres opportunistes et des vipères radicales, jusqu'à ce que le soleil d'une crise ministérielle vienne le tirer de sa torpeur.

Comme tous les autres animaux, le crapaud subit l'influence du printemps. Il est alors gai, alerte, vif; il coasse poétiquement, au clair de lune, les louanges de sa crapaude. « Demandez à un crapaud, a écrit Voltaire, ce que c'est que le beau; il vous répondra que c'est sa crapaude, avec deux gros yeux sortant de sa petite tête, une gueule large et plate, un ventre jaune, un dos brun. » De même, demandez au *bufo pelletanus* qu'est-ce qu'il y a de plus splendide au monde ; il vous répondra que c'est la Marianne révolutionnaire, avec sa trogne enluminée, ses yeux de bête fauve et son bonnet phrygien.

NOTICE BIOGRAPHIQUE COMPLÉMENTAIRE

M. Charles-Camille Pelletan est le fils de M. Eugène Pelletan, qui mourut vice-président du Sénat, en 1884. Il est né à Paris, le 23 juin 1846. Ses études ont été faites au lycée Louis-le-Grand ; au sortir du collège, il entra à l'école des Chartes.

Au quartier latin, pendant sa vie d'étudiant, il faisait partie d'une société qui s'était donné le sobriquet de *Vilains Bonshommes*. Le nom était bien choisi, surtout pour le jeune Camille, qui fut toujours un des plus vilains bonshommes que la terre ait portés.

Son père le fit entrer au *Rappel*, dès la fondation de ce journal, en 1869. Il débuta par une relation de l'inauguration du canal de Suez ; ce récit était émaillé de grossièretés à l'adresse de l'Impératrice. Il écrivit aussi quelques articles dans la *Tribune*. Ses intempérances de plume lui attirèrent, à la fin de l'Empire, une condamnation à un mois de prison. Après la guerre, il devint le correspondant de quelques journaux de province, notamment de l'*Egalité*, à Marseille. En même temps, il rédigeait, dans le *Rappel*, une chronique parlementaire de haute fantaisie, qui avait la prétention de donner au public la physionomie des séances de l'Assemblée nationale. En réalité, M. Pelletan, par une méthode de dénigrement systématique, insultait à tort et à travers les membres de la droite. C'était de la diffamation à jet continu. Il faut reconnaître que ces diatribes souvent ordurières avaient un réel succès, mais dans quel monde!... dans la clientèle des mastroquets, dans le public des boulevards extérieurs.

Enfin, en 1880, M. Clémenceau fonda la *Justice*, journal à titre prétentieux, qui n'a jamais eu beaucoup de lecteurs; la rédaction en chef de cette feuille fut donnée à M. Camille Pelletan. Dès lors, le fils d'Eugène devint le lieutenant du grand chef de l'extrême-gauche.

On cite peu, dans les annales de la presse, de journaux aussi indigestes, aussi soporifiques que la *Justice*. Ses colonnes respirent un ennui mortel. Les articles ne sont que des réclames réciproques entre les rédacteurs. Et, de la première ligne à la dernière, on est assommé par l'esprit d'infatuation qui se dégage de toute ce fatras de prose sectaire et vaniteuse. — Au fond, le journal de MM. Clémenceau et Camille Pelletan n'est pas destiné au public, qui le dédaigne; c'est le pavillon qui couvre une boutique dans laquelle on escompte, les ministères futurs, plus ou moins probables, du parti radical. Un écrivain de talent, M. Edouard Drumont a raconté,

sans être démenti, quelques-unes des légendes de
cette baraque; bien certainement, il ne les connaît
pas toutes.

En cette même année de la fondation de la *Justice*,
M. Camille Pelletan publia un volume intitulé *la
Semaine de Mai*, dans lequel il plaidait les circonstances atténuantes pour les hommes de la Commune;
selon lui, le massacre des otages, l'incendie de Paris
et tous les crimes commis par les socialistes-révolutionnaires de 1871, disparaissent devant la répression que ces bandits ont eu à subir.

Après deux tentatives infructueuses à Marseille et
à la Guyane, il posa avec succès sa candidature, au nom de l'extrême-gauche, aux élections du
21 août 1881, se portant à la fois dans la 2º circonscription du Xº arrondissement de Paris et dans la
2º circonscription d'Aix. Il fut élu au premier tour à
Paris, et au ballottage à Aix ; il opta pour le siège de
représentant des Bouches-du-Rhône.

A la Chambre, il prit place aux côtés de M. Clémenceau, se ralliant à toutes ses propositions et l'ap-
puyant de ses votes. Il fut donc un de ces hommes
de désordre qui se plurent à renverser les ministères et
à troubler constamment la politique, pour la seule
satisfaction de leurs mesquines rancunes. Chez
M. Camille Pelletan, du reste, les convictions sont
nulles. Ainsi, au cours de cette législature, il demanda
la revision totale de la Constitution; et, dans la
législature suivante, quand la revision fut réclamée
par le général Boulanger, il se rangea parmi les anti-
revisionnistes les plus acharnés.

En 1884, il perdit son père, mort subitement. Sa mère obtint alors, du vote du Sénat et de la Chambre, une pension de 6,000 fr., à titre de récompense nationale!

Aux élections du 4 octobre 1885, il fut réélu dans les Bouches-du-Rhône.

A cette époque, il y avait déjà dans le pays un grand mécontentement au sujet de la criminelle expédition du Tonkin, prolongée outre mesure, pour l'enrichissement de la famille Ferry. M. Pelletan n'avait pas manqué, pour se faire bien voir des électeurs, de protester avec éclat contre les aventures coloniales. A la Chambre, il dut donc simuler de grandes colères contre les opportunistes. Membre de la commission chargée d'examiner les demandes de crédits extraordinaires pour le Tonkin et Madagascar, il déposa, en qualité de rapporteur, des conclusions anti-ministérielles. Mais ce fut là son unique effort; peu après, il s'alliait aux Ferry, Rouvier et autres tonkinards, sous prétexte de faire échec au général Boulanger, dont M. Clémenceau s'était déclaré l'ennemi.

En somme, disons le mot, M. Camille Pelletan est un simple farceur. Il se soucie du Tonkin, de la revision, etc., comme un poisson d'une clarinette. Etre un personnage politique, exercer une influence, avoir des bureaux de tabac à distribuer à ses parents et amis, voilà ce qui lui importe; quant à alléger les souffrances du peuple, il ne s'en est jamais préoccupé. Et il faut croire qu'à son sujet le peuple commença à ouvrir les yeux; car, aux élections générales de 1889, il s'est empressé de décliner toute candida-

ture dans son ancienne circonscription de Paris, et
ce n'est qu'avec les plus grandes difficultés qu'il a pu
se faire réélire à Aix-en-Provence. Après avoir obtenu
péniblement 4,800 voix au premier tour de scrutin
sur 9,300 votants, il a gagné les 4,800 suffrages d'un
concurrent républicain qui s'est désisté en sa faveur;
ce qui lui a permis de passer au ballottage.

Ajoutons, pour terminer, que le personnage est
aussi malpropre au physique qu'au moral. Sa crasse
est légendaire au Palais-Bourbon. Sa tignasse,
est l'effroi des huissiers, quand, pérorant à la
tribune, il secoue la tête avec frénésie. Il y a peu
de temps, tandis qu'il prononçait un discours, on lui
apporta un paquet qui semblait contenir un docu-
ment, envoyé par un collègue; croyant à une com-
munication urgente, utile à la thèse qu'il dévelop-
pait, il ouvrit le paquet, au milieu des éclats de rire
de la Chambre; l'objet envoyé (par un mauvais plai-
sant), c'était un peigne!

LA TORTUE

NAQUET

Un échelon intermédiaire — des mieux réussis — entre l'homme et la bête, c'est, à coup sûr, la tortue de Vaucluse, *tortuca naqueta*.

La tortue vulgaire est le type de l'ordre des chéloniens, lequel est un des trois ordres qui composent la classe des reptiles. Le nom de l'animal vient du bas latin *tortuca*, qui dérive de *tortus*, tordu ; et, en effet, il est peu d'êtres vivants aussi tordus, aussi tortueux, que celui dont nous allons nous occuper. On dit adjectivement « tortu » : un chemin tortu, un homme tortu, un esprit tortu. Au figuré, « tortu » signifie : peu sincère, peu franc, qui va par des chemins de traverse. On va voir que la tortue politique de Vaucluse est bien à sa place, quand nous la comprenons dans la classe éminemment antipathique des reptiles républicains.

Au premier aspect, la tortue paraît un être négligé ou disgracié de la nature ; et cependant cette bête hideuse est formidablement armée. Elle possède, pour sa défense, une carapace qui est le plus sûr bouclier qu'on puisse imaginer, et, pour l'attaque, elle a des mâchoires d'une force extrême.

Le corps est court, globuleux, revêtu de cette carapace dont nous venons de parler, formant sur le tronc une sorte de test ou double cuirasse d'écailles d'une dureté excessive ; sous cette cuirasse qui l'enveloppe de toutes parts, l'animal peut se renfermer d'une manière complète, rentrant la tête (dont le cou n'a qu'une vertèbre cervicale) et les extrémités. Chez la tortue de

Vaucluse, en particulier, le dos est plus ridi-
culement bombé encore que chez les chéloniens de l'espèce ordinaire, et sa carapace est
formée d'une peau épaisse, écailleuse, mille fois
plus dure que le vieux cuir.

A l'abri de ce bouclier, l'animal avance lentement, mais constamment, vers son but, se sou-
ciant peu des traits et des pierres dont ses ennemis l'accablent, cheminant tortueusement, dans
les bas-fonds des bourbiers radicaux, avant-hier,
à travers les marécages opportunistes, hier, et
dans les hautes herbes des prairies verdoyantes
du boulangisme, aujourd'hui.

Le but qu'il se propose d'atteindre, c'est le socialisme le plus révolutionnaire. Mais la bête est pru-
dente; et, si elle affecte parfois des allures modérées, si elle paraît même choisir tout à coup les
sentiers de la conciliation, c'est pour que personne
ne devine le but qu'elle s'est assigné. En route, la
tortue vauclusienne détruit tout ce qui est contraire à son idéal. Elle a déjà commis de nombreux dégâts en traversant le champ du mariage;
mais ce qu'elle veut saper, ronger, abattre, c'est
le grand chêne séculaire de la famille lui-même.

Après avoir séjourné assez longtemps dans la
fange du parlementarisme, la tortue de Vau-

cluse évolue maintenant parmi les herbes et les fleurs du jardin boulangiste, se préparant de nouvelles voies. Bon nombre de naïfs, voyant l'animal marcher plus lentement que jamais, s'imaginent qu'il est en arrêt et même qu'il a renoncé à son œuvre de destruction. Ils ne remarquent pas qu'il n'a rien renié de son passé, qu'il entend et prétend ne réparer aucun des dégâts commis par lui ; ils ne s'aperçoivent pas qu'il manœuvre toujours et toujours à gauche.

Ce qui caractérise l'affreux rongeur, c'est que, sur son passage, il dépose un excrément à la fois infect et d'effet désastreux. Ainsi, il y a quelques années, il évacua une ordure immonde appelée « divorce » ; cette ordure a empoisonné le champ du mariage et fait pousser d'ignobles et vénéneux champignons, auxquels les républicains ont donné le nom d' « unions libres ». La tortue, que les naïfs croient repentante de ses méfaits, se réjouit en silence et murmure tout bas que ce n'est pas fini, et que, de la pourriture de ces champignons doit naître, dans un avenir plus ou moins prochain, une hydre monstrueuse qui dévorera tout et sera appelée : le « communisme sexuel ». — Si la prédiction de la tortue vauclusienne se réalise, c'en sera fait à tout jamais de toute dignité humaine, le grand chêne séculaire de la famille jonchera le sol et sera mis en pièces ; hommes et femmes s'accoupleront et se désaccoupleront à volonté, dans une communauté honteuse, aussi vile, plus vile même que celle des bêtes ; ce sera la fin de l'humanité. — C'est lorsque l'hydre monstrueuse paraîtra et accomplira la destruction totale de la famille, c'est alors que la tortue de Vaucluse, *tortuca naqueta*, sera enfin parvenue à son but.

NOTICE BIOGRAPHIQUE COMPLÉMENTAIRE

Le promoteur du rétablissement du divorce en France est né à Carpentras (Vaucluse), le 6 octobre 1834. Alfred Naquet, de famille israélite, fut reçu bachelier ès lettres à Aix en 1851 ; il commença, l'année suivante, à Montpellier, ses études de médecine, qu'il alla continuer à Paris. En 1857, il prit le grade de licencié ès sciences physiques, et, deux ans après, il se fit recevoir docteur en médecine. En 1860, il concourut pour l'agrégation en chimie, mais sans succès ; il se représenta en 1863, et, cette fois, le titre de professeur agrégé à la Faculté de Médecine lui fut unanimement décerné par le jury. C'était là un titre purement honorifique; d'après les usages, un professeur agrégé ne professe en réalité qu'au bout de deux ans. Ennemi de l'inaction, Alfred Naquet passa en Italie, obtint la chaire de chimie et de physique à l'Institut technique de Palermo, et enseigna durant environ deux années.

Jusqu'alors, Alfred Naquet s'était voué uniquement à la science; il aurait pu, doué comme il l'était, léguer à la postérité le nom d'un grand savant. Malheureusement, son séjour en Sicile lui fut funeste; c'est là, en effet, qu'il fut piqué par la tarentule politique. Il accepta l'affiliation à la Franc-Maçonnerie et ne rêva plus désormais que le bouleversement de la société.

Rentré en France, il fit, pendant l'été de 1866, le cours de chimie organique à la Faculté de Médecine de Paris. Mais l'homme s'était dédoublé : le sectaire était aussi actif que le professeur. En 1866, il assista au congrès tenu par les révolutionnaires à Genève et y proposa des motions violentes. Impliqué, la même année, dans une affaire de société secrète, il fut condamné à quinze mois de prison, 500 fr. d'amende et à la privation pour cinq ans de ses droits civiques; c'était, du même coup, la perte de sa chaire à la Faculté. A raison de sa mauvaise santé, il obtint de subir sa peine à la maison Dubois. En mars 1869, un de ses livres, intitulé *Religion-Propriété-Famille*, dans lequel, sous le couvert hypocrite d'une prétendue discussion scientifique, il attaquait avec une vraie rage tout ce qui est respectable, lui valut une nouvelle condamnation à quatre mois de prison, 500 fr. d'amende et l'interdiction de ses droits civiques à perpétuité. Il se réfugia en Espagne, d'où il envoya des correspondances au *Réveil* et au *Rappel*, prit part à l'insurrection de l'Andalousie, et ne revint en France qu'après l'amnistie (novembre 1869).

Au 4 septembre, il fut un des envahisseurs du Corps législatif. L'émeute ayant triomphé, il suivit en province la délégation du gouvernement insurrectionnel, en qualité de secrétaire de la commission d'étude des moyens de défense. Aux élections du 8 février 1871, il fut nommé représentant du Vaucluse à l'Assemblée nationale. Son élection, ainsi que celle de ses collègues de ce département, ayant été contestée, il donna sa démission; le 2 juillet 1871, il fut réélu par 32,580 voix. Il prit place à l'extrême-gauche et combattit à la fois les conservateurs et les républicains plus modérés que lui. Néanmoins, il vota l'amendement Wallon et l'ensemble des lois constitutionnelles.

Après la dissolution de l'Assemblée nationale, il se porta candidat à la Chambre des députés dans deux circonscriptions, à Marseille et à Apt (Vaucluse). Il échoua dans les Bouches-du-Rhône; là, il fut battu par Gambetta, dont il se proclamait l'implacable adversaire. A la Chambre, où il constitua avec quelques-uns de ses collègues le groupe intransigeant d'extrême-gauche, il demanda l'abrogation des lois sur la presse et, pour la première fois, le rétablissement du divorce (juin 1876). Au 16 mai 1877, il fut un des 363; mais il échoua aux élections du 14 octobre. Les républicains, étant revenus en majorité, invalidèrent les députés conservateurs du Vaucluse, et Alfred Naquet fut alors réélu.

Dans le commencement de 1879, il renouvela sa proposition sur le divorce, laquelle, repoussée par la commission d'initiative, fut toutefois prise en considération par la Chambre des députés, dans la séance du 28 mai 1879. Dès lors, Alfred Naquet entreprit, à Paris et en province, une grande campagne en faveur de son dada; il s'intitula *Apôtre du Divorce* et s'en fut rouler sa bosse de ville en ville, multipliant les conférences. Par exemple, au fond de l'apôtre il y avait le mercanti; en juif de race pure qu'il est, Naquet n'ouvrait pas gratis le robinet de son éloquence. On accourait de partout, autant pour voir que pour entendre le député bossu; les séparés pour incompabilité d'humeur ou pour autre cause, qui désiraient convoler à de nouvelles noces, se pressaient pour l'applaudir; il faisait salle comble; on payait l'entrée un bon prix, et le soir, après sa prédication, l'apôtre empochait la recette.

Survinrent, en août 1881, les élections pour le renouvellement de la Chambre. Alfred Naquet fut réélu dans l'arrondissement d'Apt. A ce moment, il négligeait toutes les questions pour ne s'occuper que de celle du divorce qu'il voulait à tout prix faire aboutir. Aussi, pour se concilier les opportunistes auquel il avait jusqu'alors fait la guerre, il mit de l'eau dans son vin et lâcha peu à peu l'extrême-gauche, étant sûr du vote des intransigeants. Il fit publiquement sa paix avec Gambetta et collabora même aux journaux qui suivaient l'inspiration du pontife de l'opportunisme; c'est ainsi qu'il écrivit notamment dans le *Voltaire*,

Dès le début de la session de la nouvelle Chambre, il ramena sa fameuse proposition, qui dormait dans les cartons; le rétablissement du divorce fut voté par les députés en 1882.

Il restait à faire ratifier par le Sénat cette loi directement contraire aux dogmes de l'Eglise. Naquet profita de la vacance d'un siège sénatorial qui se produisit en 1882 dans le Vaucluse, par la mort de M. Elzéar Pin, et il fut élu sénateur, le 22 juillet, par 107 voix sur 206 votants. A la Chambre haute, il appuya de toutes ses forces sa proposition et réussit à la faire adopter par les pères conscrits du Luxembourg, en mai 1884. Cette fois, le divorce était définitivement rétabli en France.

Dans son livre abominable *Religion-Propriété-Famille*, Alfred Naquet avoue, avec un rare cynisme, qu'il ne demande le divorce que pour porter un premier coup à l'institution du mariage, et il ajoute que son idéal n'est même pas *l'union libre*, c'est-à-dire le concubinage, mais *la communauté absolue de la femme*, le système des accouplements successifs amenant la suppression complète de la famille, la mère ne pouvant même plus savoir quel est le père de son enfant, et l'enfant pris dès le berceau à la mère pour être remis à l'État.

Tel est le rêve de bête brute conçu par un homme qui, en tant que chimiste, est un véritable savant.

Depuis que la révision de la Constitution a été demandée par le général Boulanger, Alfred Naquet a abandonné les opportunistes comme il avait d'abord abandonné les radicaux, et il est rallié au général.

Dans un discours à Tours (1889), il a même parlé de
paix religieuse, et bon nombre de conservateurs ont
pris au sérieux sa déclaration. Ils ne s'aperçoivent pas
que c'est là une nouvelle manœuvre du promoteur du
divorce; à ce moment, le général Boulanger paraissait être une force, et M. Naquet, croyant que l'avenir appartenait aux revisionnistes, méditait de faire
servir cette force à l'accomplissement de son programme démoralisateur, dont la première partie
seulement a été exécutée. Pour comprendre à quel
point le juif-athée se moque des catholiques, il
suffit de relire son volume *Religion-Propriété-Famille*,
dans lequel il développe tout son plan, ouvrage
qu'Alfred Naquet, quoique boulangiste, se garde bien
de renier.

Aux élections générales de 1889, M. Naquet a
abandonné le Sénat pour poser sa candidature à Paris
dans la première circonscription du Ve arrondissement; il a été élu, au ballottage du 6 octobre, par
4,830 voix, contre 4,745, obtenues par son concurrent radical anti-boulangiste, le docteur Bourneville;
on le voit, la lutte a été chaude. Aujourd'hui, M. Naquet est quelque peu désorienté par l'échec de son
parti; les boulangistes ne sont qu'une poignée à la
nouvelle Chambre. Aussi, faut-il s'attendre à le voir
redevenir radical, à la première occasion favorable.
Que les clémencistes entreprennent une nouvelle
campagne contre la famille, la religion, la propriété
et le juif-athée se jettera dans leurs bras.

LA CHAUVE-SOURIS

LÉON SAY

Ce n'est nullement à une calvitie quelconque que la chauve-souris doit son nom, comme on pourrait le croire. L'étymologie du mot est « chouette-souris »; d'où par corruption on a fait « chauve-souris ».

Nous avons vu déjà un animal appartenant au

genre des chéiroptères, le vampire. La chauve-souris appartient au même genre, mais à une autre famille que celle du vampire ; le type de la famille est le vespertilion. Du reste, vespertilion est le nom scientifique de la chauve-souris, *vespertilio*.

Les vespertilions se distinguent des vampires, en ce qu'ils n'ont pas la membrane nasale qui est pour ceux-ci un suçoir si dangereux. En outre, les chauves-souris sont en général insectivores ; mais la chauve-souris politique est aussi budgétivore.

L'espèce habite la France depuis de longues générations. L'individu le plus remarquable de la famille, aujourd'hui, est à Paris, résidant naguère au Luxembourg ; c'est la chauve-souris boursicotière, appelée aussi vespertilion à moustache, *vespertilio leo-sayus*.

L'animal présente comme caractères essentiels : un corps plutôt gros qu'allongé ; la tête, de grosseur moyenne ; le museau, vulgaire, sans expression ; la gueule, très fendue ; les dents au nombre de trente-deux et disposées comme celles de l'homme, les incisives sont particulièrement tranchantes ; le nez, simple, un peu fort toutefois et trognonnant ; la langue, très vive ;

les yeux, ternes ; les oreilles, grandes ; les membres antérieurs, beaucoup plus développés que les postérieurs ; les uns et les autres, réunis par une large membrane en forme d'aile ; les doigts sont armés d'ongles crochus, de véritables griffes.

Ce qui caractérise aussi l'animal, c'est qu'il se rend sourd à volonté. Cette surdité facultative lui est souvent funeste : pour s'abandonner à ses rêves argentés, la chauve-souris ferme ses oreilles et se refuse à entendre la clameur menaçante des foules, pour lesquelles elle est un objet de répulsion. Par contre, si l'animal voit quelqu'un compter des écus, il ouvre aussitôt ses oreilles toutes grandes, et ce bruit argentin le plonge dans une douce ivresse.

Ce chéiroptère a le vol relativement puissant et très étendu. Il s'élance, des hauteurs de tel ou tel palais législatif, sa résidence favorite, traverse Paris en agitant ses ailes, et tombe à l'improviste sur un autre palais qu'il affectionne : la Bourse. Là, pénétrant dans la salle immense de l'agiotage, il vole, allant d'une colonne à l'autre ; se suspendant aux arceaux pour se reposer, ne se laissant pas effrayer par les cris des agents de change qu'il a soin de ne pas entendre, fondant

sur les coulissiers novices, sur les joueurs inex-
périmentés, mordant d'ici et de là, ne s'appri-
voisant que parmi les courtiers marrons et les
banquiers véreux.

La chauve-souris doit encore une partie de sa
réputation à la facilité avec laquelle elle fréquente les milieux les plus contraires. C'est un
animal d'humeur essentiellement variable, passant sans transition de la république à l'orléanisme, et du temple religieux à la loge maçonnique. Tantôt à droite, tantôt à gauche, on ne
saurait dire où il se plaît le mieux ; il n'est ni
oiseau ni souris, tout en étant les deux à la fois.
C'est à son sujet que La Fontaine a écrit ces
deux vers si connus :

Je suis oiseau ; voyez mes ailes !
Je suis souris ; vivent les rats !

Enfin, contrairement au vampire de Foucharupt
qui se nourrit surtout de sang humain, le *vespertilio leo-sayus* fait sa principale nourriture de
monnaie sonnante. Il grignote les fonds publics
avec une voracité extraordinaire ; sous sa dent,
les écus sont instantanément pulvérisés ; on
renonce à compter les sommes fabuleuses que
sa large gueule a englouties.

Il est une époque où l'animal se gava à en crever d'indigestion. Il avait alors élu domicile au Louvre, pavillon du ministère des finances. A force d'attaques persistantes, il réussit à ouvrir une fissure dans le trésor national, et de cette fissure s'échappa un vrai fleuve de 931 millions, un vrai Pactole, destiné à fertiliser quelques chemins de fer appartenant à l'État et réputés pour improductifs. On pense si notre chauve-souris se désaltéra au Pactole !

Mais les naturalistes sont d'accord pour reconnaître qu'il est très facile de faire rendre gorge à l'animal. Ce chéiroptère possède un appareil glanduleux qui lui est propre ; cet appareil a un canal sous-orbitaire, sous la peau, dont les embouchures sont situées de chaque côté des joues, au-dessus de la lèvre supérieure et assez près des narines. Il suffit de presser ces conduits ; aussitôt, les glandes se dégorgent, et l'animal rend ainsi une substance blanche, à reflets métalliques ; c'est l'argent qu'il a absorbé et liquéfié. Seulement, cette substance sent très mauvais ; ce qui prouve qu'on a tort de dire que l'argent n'a pas d'odeur. Celui dont se gave la chauve-souris politique est absolument infect.

NOTICE BIOGRAPHIQUE COMPLÉMENTAIRE

Encore un qui n'est pas le premier venu, mais qui s'entend à merveille à faire passer dans ses poches profondes à titre d'appointements l'argent des contribuables!... Jean-Baptiste-Léon Say, petit-fils du célèbre économiste, est né à Paris, le 6 juin 1826.

Les ouvrages qui le mirent en vue sont les suivants : *Histoire de la Caisse d'Escompte; la Ville de Paris et le Crédit Foncier; Observations sur le système financier de M. le Préfet de la Seine; Examen critique de la situation financière de la Ville de Paris; les Obligations populaires; Théorie des Changes étrangers*. Ces ouvrages parurent de 1848 à 1866. On voit de suite que l'on a affaire, non pas à un littérateur perdu dans les rêveries, mais bien à un monsieur fort expert dans l'art d'aligner de nombreux sacs d'écus.

M. Léon Say entra dans la vie politique en 1869. Aux élections de mai, il se présenta comme candidat de l'opposition dans la circonscription de Pontoise (Seine-et-Oise); mais il ne fut pas élu et dut se retirer devant M. Antonin Lefèvre-Pontalis. Ce fut seulement sous la République qu'il réussit à entrer dans une assemblée délibérante. Le 8 février 1871, aux élections pour l'Assemblée nationale, il fut nommé à la fois dans la Seine et en Seine-et-Oise. Il opta pour le premier de ces deux départements.

Il était bien de la trempe des hommes qu'il fallait à M. Thiers. Aussi, celui-ci en fit-il le successeur de Jules Ferry à la préfecture de la Seine (5 juin 1871).

A peine en fonctions, M. Léon Say obtint du conseil municipal de Paris le vote d'un emprunt, — dont il dirigea l'émission, cela va sans dire. — Il dressa, en outre, les évaluations des dommages causés aux habitants de la Seine par les deux sièges, et, à ce propos, brassa encore des millions. M. Thiers l'appela au ministère des finances, le 7 décembre 1872. Son premier acte fut de conclure, avec les Rothschild, une convention pour la garantie de la somme due à l'Allemagne; encore une négociation où l'on chiffra par millions, et même par milliards.

Sur le terrain politique, M. Léon Say oscillait, dès cette époque, entre l'orléanisme et la république. Quand on est financier, il faut ne mécontenter personne. Il se tenait donc assez bien, ayant un pied à droite, un pied à gauche. Malheureusement pour M. Léon Say, la majorité de l'Assemblée nationale renversa un beau jour M. Thiers, et sa chute entraîna celle de ses ministres. M. Léon Say alla siéger alors au centre-gauche, qui le choisit bientôt pour son président. Après avoir posé sans succès sa candidature à la présidence de l'Assemblée (février 1874), il comprit qu'il avait eu tort de se brouiller avec le centre-droit en faisant de l'opposition à M. Buffet, et il se rapprocha, en diverses circonstances, des orléanistes pour obtenir d'être élu membre de la commission du budget; cette manœuvre lui réussit; il obtint même d'être chargé de traiter la question du payement de l'indemnité de guerre. Les millions avaient, décidément, de l'attrait pour lui.

Sa paix étant faite avec le centre-droit, il rentra, le

10 mars 1875, au ministère des finances dans le cabinet Dufaure-Buffet. Après la dissolution de l'Assemblée nationale, il se présenta, comme candidat au
Sénat, en Seine-et-Oise, avec un programme chèvre-
et-chou; il fut élu par 559 voix sur 787 votants. Il fit
encore partie, toujours avec le même portefeuille, des
cabinets Dufaure-Ricard et Jules Simon. Il quitta le ministère des finances au 16 mai 1877. Son second passage aux affaires a été signalé par la conversion de
l'emprunt Morgan; encore un emprunt à pots-de-vin,
celui-ci !

Le retraite de M. Léon Say ne fut qu'une courte
éclipse. Le 14 décembre 1877, le maréchal de Mac-
Mahon lui rendait le portefeuille chéri des finances,
qu'il conserva même dans le premier cabinet formé
par M. Grévy. En 1878, il fit une émission de 143 millions de 3 p. 100 amortissable et mit en avant le projet
de cette odieuse opération qui s'appelle la conversion
de la rente. Le 17 décembre 1879, il quitta, pour la
troisième fois, le ministère des finances. Quatre mois
après, il était nommé ambassadeur à Londres ; Grévy-
la-Carotte avait M. Léon Say en grande estime.

Il ne fut pas longtemps le représentant de la France
en Angleterre, tout au plus quelques semaines ; le
25 mai 1880, il était élu à la présidence du Sénat. Au
renouvellement triennal du 8 janvier 1882, il se représenta devant les électeurs sénatoriaux de Seine-et-Oise,
et comme on commençait déjà à réclamer la révision
de la Constitution, il mit la révision dans son programme. Il fut réélu par 655 voix sur 783 votants. Le
Sénat, à son tour, le replaça à sa tête ; mais il aban-

donna bientôt ces fonctions, pour prendre, pour la quatrième fois, le portefeuille des finances dans le cabinet formé par M. de Freycinet après la chute de celui de Gambetta (31 janvier 1882). En vérité, ce portefeuille le fascinait. Le 29 juillet de la même année, patatras ! le cabinet de Freycinet était par terre, et, le siège présidentiel du Sénat ayant été attribué à un autre, il dut se contenter de la place de président du centre-gauche, laquelle ne comporte pas un sou d'appointement.

Au surplus, depuis cette époque, notre homme n'a plus été aux honneurs, du moins, sur la scène politique. Par contre, les académiciens lui ont donné le fauteuil de Jules Sandeau, qu'Edmond About, mort trop tôt, n'avait pu occuper. Son discours de réception ne fut guère brillant ; le talent n'est pas ce qui distingue ce financier, plus au courant des tripotages de la Bourse que des chefs-d'œuvre de la littérature.

Ne pouvant se résigner au rôle effacé qu'il a été obligé de jouer pendant ces dernières années, et trouvant, au surplus, très compromise sa réélection en Seine-et-Oise, M. Léon Say, peu soucieux d'être rendu à la vie privée, a brusquement, en 1889, transporté son ambition à l'autre bout de la France. Sans avoir aucune attache dans le département des Basses-Pyrénées, il a profité des élections générales législatives pour se retirer du Sénat, à l'instar de son collègue Naquet, et a posé sa candidature à Pau. Grâce à une formidable pression officielle, il a été élu, le 22 septembre, par 7,068 voix, contre 6,321 à M. de Joantho, candidat conservateur, et 336 à un candidat boulangiste. Puis, le coup fait, considérant que, dans l'ensemble des élections, les conservateurs ont été bien près de remporter la victoire et qu'il faut compter avec eux, il s'est empressé de simuler un grand désir de pacification et de faire des avances aux droites. Certes, il est tels députés indépendants avec qui les conservateurs pourraient traiter; mais, vis-à-vis de M. Léon Say, franc-maçon allié des juifs, il est prudent de garder une sage réserve. *Timeo Judæos, et dona ferentes!* Notre homme, soyons-en bien convaincus, n'a pas d'autre but que de remettre la main sur le portefeuille des finances et de manigancer quelque opération de haute-banque où ses bons amis d'Israël trouveront leur « bedit pénéfice ».

En résumé, ainsi que je l'ai dit au début, M. Léon Say est loin d'être le premier venu. On a souvent accusé le régime actuel d'avoir pour ministres des gens incapables. Le reproche d'incapacité en matière financière ne saurait être adressé à M. Léon Say, qu pèche plutôt par excès de compétence.

LE PORC-ÉPIC

MADIER-MONTJAU

Le porc-épic est un mammifère rongeur clavi-
culé. Cuvier le divise en cinq sous-genres : le
porc-épic proprement dit ou hystrix, l'acanthion,
l'éréthyzon, le synéthère et le spiggure.— Cuvier
a oublié un sixième sous-genre : le porc-épic
jacobin, *hystrix jacobinus furiosus*, vulgairement
appelé le Madier-Montjau.

Les principaux caractères de ce rongeur jacobin sont les suivants :

Clavicules complètes s'articulant avec l'omo-
plate et le sternum; ce qui permet aux membres
antérieurs des mouvements très variés, quelquefois même désordonnés et incohérents. Dents très
longues et très fortes, mâchoire inférieure proé-
minente ; ce qui permet à l'animal de ronger
toute espèce de nourriture et de mâchonner longtemps. Museau gros, renflé et garni de poils
hirsutes et mal soignés ; oreilles rondes, charnues
et velues ; pattes courtes, un peu épaisses ; ongles
longs, forts et sales. Animal plantigrade, tout
hérissé d'épines, ayant un robuste estomac, une
voix criarde, mais en revanche peu de cœur et
pas du tout de cerveau.

Le nom de *porc* a été donné à cet hystrix, en
raison de l'espèce de grognement bruyant qu'il
fait entendre dans ses fréquentes colères radicales, et qui ressemble assez à celui du porc.
Quant à l'épithète d'*épic*, elle est due à ces
piquants dont l'animal est armé des pieds à la
tête. Pour trouver un terme de comparaison qui
rendra bien l'image, représentez-vous par la
pensée un démoc-soc enragé, un de ces forcenés
si connus sous le nom de « vieilles barbes jaco-

bines », et vous aurez le type parfait du porc-
épic.

On rencontre notre rongeur dans la Forêt
Législative, à peu de distance de la forêt de
Bondy.

Le porc-épic politique est sauvage, de sa nature.
Il recherche, en général, les endroits abrupts,
pierreux, désolés et mal fréquentés ; il affectionne
la montagne. Là, il se creuse un terrier, en forme
de pupitre, à plusieurs ouvertures, assez profond,
d'où il ne sort que pour aller dans un vallon,
nommé la Questure ; c'est en ces parages que
d'ordinaire il se procure sa subsistance et qu'il se
désaltère au torrent du budget.

Amoureux de la solitude, ce porc-épic est d'une
défiance extrême.

Classé parmi les bêtes malfaisantes, il a été tra-
qué quelquefois, notamment en 1851, époque à
laquelle il dut quitter son terrain préféré de
dévastation ; il se sauva, grâce à une fuite rapide,
et ne se remit jamais complètement de la peur
qu'il éprouva à cette occasion. Il lui en est resté
une sorte d'épilepsie chronique, qui se manifeste
à tout propos.

L'animal est réputé sourd ; mais il est à remarquer que sa surdité est plus accentuée à l'oreille

14.

gauche qu'à l'oreille droite. En effet, si du côté
gauche il ne veut rien entendre, par contre, dès
qu'il perçoit quelque peu les bruits qui viennent de
droite, il entre en fureur (*hystrix furiosus*), se
croit attaqué et se livre, à la tribune, à toutes les
gambades de l'épilepsie oratoire. Son groin se
boursoufle ; les clavicules se mettent en mouvement, lançant les membres antérieurs dans toutes
les directions ; il pousse des grognements désordonnés. En somme, il a la peur au ventre ; mais
il se démène avec rage, pour faire croire qu'il
est vaillant. Puis, lorsqu'il a constaté qu'il était
effrayé à tort ou que son adversaire le méprise,
il revient à lui, son naturel reprend le dessus, et
il court se réfugier dans son terrier, se gaver
de pitance pour oublier ses terreurs.

Certains auteurs ont dit que le porc-épic lance
au loin, comme des traits, ses piquants, pour
combattre ses ennemis. C'est là une légende men-
songère, dont il convient de faire justice. L'animal, même dans ses plus féroces colères, fait
plus de vacarme que de besogne ; personne n'a
jamais été atteint par ses fameux piquants.

A tout considérer, la bête est devenue, en résumé, inoffensive.

Domestiqué, depuis quelques années, par les

montagnards de la Forêt Législative, ceux-ci se
servent de l'hystrix jacobin comme d'un épouvan-
tail pour les autres, tout en en faisant entre eux
un animal d'amusement. Le porc-épic politique
ne se rend pas compte du double rôle qu'il joue ;
l'essentiel pour lui est d'avoir sa nourriture et
son gîte assurés.

NOTICE BIOGRAPHIQUE COMPLÉMENTAIRE

Le citoyen Madier-Montjau, — ou, pour être exact,
Noël-François-Alfred Madier de Montjau, — appartient à une famille de conservateurs. Son père était
un légitimiste ardent et un catholique des plus zélés.
Comment se fait-il que notre homme ait ainsi rompu
avec les traditions de sa famille ? Il est difficile de
l'expliquer. Mais, comme circonstance atténuante, il
y a lieu de considérer que Noël Madier-Montjau a le
cerveau fort mal équilibré. Nous possédons, dans
notre Parlement français, une jolie collection de
toqués ; mais aucun de ces échappés de Charenton
n'arrive à la hauteur de Maboul-Montjau... pardon,
de Madier-Montjau.

Donc, Noël-François-Alfred est né à Nîmes, le
1er août 1814. Il est probable que les Nîmois, fort

peu flattés d'être ses compatriotes, ne lui élèveront jamais une statue.

En 1838, Maboul-Montjau, — tant pis! ça y est, cette fois, — se fit inscrire au barreau à la Cour royale de Paris. Blagueur hors ligne, il recherche de préférence les causes politiques; c'était, pour lui, le plus sûr moyen d'acquérir rapidement la notoriété. C'est ainsi qu'il plaida dans l'affaire Barbès et dans celle de Quenisset. Lors du procès du journal *la Colonne*, il soutint la thèse de la légitimité de l'insurrection, et cela avec le plus grand sérieux du monde.

Quand éclata la révolution de 1848, il ne fut pas des derniers à descendre dans la rue; l'émeute était alors son élément. Après les journées de juin, il défendit un grand nombre d'insurgés; il plaida aussi, à plusieurs reprises, pour le journal socialiste *le Peuple*.

Enfin, l'année 1850 le vit entrer à l'Assemblée législative; il y fut envoyé par les électeurs de Saône-et-Loire. Son élection ayant été annulée, il fut réélu, et il alla siéger à la Montagne. Il vota constamment avec les plus enragés de la gauche.

Lors du coup d'État du 2 décembre, Madier-Montjau fut au nombre des députés qui se réunirent pour protester; toutefois, quand la troupe entra dans la salle de réunion afin de disperser les représentants qui refusaient de faire trancher par le peuple le conflit entre l'Assemblée et le prince-président, notre homme, qui était héroïque, mais seulement en paroles, se garda bien de tendre la gorge, comme autrefois les sénateurs romains aux soldats de Brennus. De sa puissante voix de tribun, il cria à ses collègues un formidable « Sauve qui peut ! » et il donna l'exemple de la fugue en sautant vivement par une fenêtre, dégringolant dans la rue avec le vasistas. Il se blessa même quelque peu dans sa chute. Et, à raison de cette noble blessure, il touche aujourd'hui une pension, comme « victime du 2 décembre ».

Bon nombre de républicains naïfs, de ceux qui servent de marchepied aux malins de la bande, s'imaginent que Maboul-Montjau a fait au coup d'État une résistance intrépide ; il y en a même qui croient que l'illustre et vaillant orateur, ainsi qu'ils l'appellent, a pris les armes et brûlé de la poudre sur les barricades de Paris. La vérité est que Maboul-Montjau a seulement brûlé de la poudre d'escampette.

Il se réfugia en Belgique. Il garda du coup d'État une telle frayeur que jamais, sous l'Empire, il ne voulut accepter une candidature quelconque, même après l'amnistie. Ainsi, aux élections de mai 1869, les radicaux du Gard songèrent à lui pour les représenter au Corps législatif. Les délégués d'un comité vinrent le sonder, l'assurant que la chute de l'Empire était proche. « Non, mes amis, répondit Maboul-Montjau, je ne veux pas être votre candidat. Ce Napoléon III est un diable d'homme, qui, s'il voit sa couronne en danger, fera un nouveau 2 décembre et expédiera à Cayenne les députés républicains. J'ai failli être pincé une première fois et effectuer ce désagréable voyage. Je n'ai pas la moindre envie de risquer encore semblable aventure. Bien le bonsoir ! » Il ne fut pas possible de le décider à affronter la lutte. Semblable au « guillotiné par persuasion » de Chavette, il avait de la méfiance.

Au 4 septembre même, il se tint coi. Il se disait toujours que les hommes de l'Empire pourraient bien revenir, quand l'ordre serait rétabli, et que, par conséquent, il était prudent de ne pas se compromettre. Sous la Commune, il ne bougea pas davantage, quoiqu'ayant toujours posé pour le révolutionnaire farouche. Ce ne fut que lorsque la République exista de fait depuis quatre ans, qu'il se décida à sortir de sa retraite. Il fit sa rentrée dans la vie publique, quand il fut bien sûr qu'il n'y avait plus rien à craindre pour sa peau.

Le 18 octobre 1874, une élection partielle qui eut lieu dans la Drôme l'envoya à l'Assemblée nationale. Naturellement, il prit place aux plus hauts sommets de l'extrême-gauche. Il refusa de voter la Constitution du 25 février 1875, comme n'étant pas assez républicaine ; aujourd'hui, il est un des plus chauds défenseurs de cette même Constitution, qu'il trouve parfaite. Il déposa, avec plusieurs de ses collègues, deux propositions de dissolution et d'amnistie. Bref, il était, à l'Assemblée nationale, un des chefs de l'intransigeance. Pendant les vacances parlementaires, il prononça à Romans un violent discours contre les opportunistes, et il écrivit une lettre à son « cher Alfred Naquet » (qu'aujourd'hui il voudrait voir pendre) pour déclarer la guerre à Gambetta, qu'il accusait « de tout sacrifier à la conciliation en vue de concessions imaginaires ».

Aux élections de 1876, il se porta candidat à la Chambre, bien que tout naturellement désigné pour le Sénat par son radotage des mieux caractérisés. Il fut élu à Valence. Et, depuis lors, il n'a pas cessé d'être l'un de représentants de la Drôme, soit au scrutin de liste, soit au scrutin uninominal. Cette série de réélections nous donne la mesure de l'intelligence des électeurs de ce département. Aux élections générales du 22 septembre 1880, il a même été élu, dans l'arrondissement de Montélimar, au premier tour de scrutin, lui, le marchand de salive, lui, le parasite, lui, le vieux fou, par 10,082 voix, contre 6,468 voix obtenues par son concurrent, M. Goynet, un brave homme, un travailleur, un important propriétaire de l'endroit.

A la Chambre, le pétulant Maboul-Montjau se signale, de temps à autre, d'une façon assez régulière, par des accès oratoires de *delirium tremens*. Tout d'un coup, on l'entend pousser un cri; il se lève droit sur son banc et agite les bras; puis, il s'élance à la tribune. Là, il parle sur n'importe quel sujet. Il parle ? Non, il hurle. C'est surtout à l'Eglise qu'il cherche querelle. « Supprimons le budget des cultes! supprimons l'ambassade auprès du Vatican! chassons les jésuites! chassons les frères! chassons les sœurs! confisquons les biens des congrégations! Vive 93 qui a guillotiné les prêtres et les religieux! A bas les aumôniers militaires! à bas les aumôniers des lycées! il n'en faut plus! » etc., etc. Cela dure un bon bout de temps. On se regarde, on attend que l'accès soit terminé. Du reste, à quoi bon interrompre Maboul-Montjau pour le rappeler à la raison? Le député épileptique est sourd comme un pot.

Il était intransigeant, avons-nous dit; il est aujourd'hui opportuniste à tous crins. Pour le transformer à ce point, Gambetta n'eut qu'à lui apprendre qu'il considérait le cléricalisme comme l'ennemi.

Il a été questeur de la Chambre pendant près de huit années; ses rages continuelles ayant fini par agacer ses meilleurs amis, on lui enleva la questure. Maboul-Montjau avait cependant fait de grandes choses : l'ancien partisan de la légitimité de l'insurrection, se méfiant d'un coup de balai administré par le peuple à la Chambre, avait transformé le Palais-Bourbon en forteresse et garni tous les murs d'artichauts à pointes de fer !

LA FOUINE

YVES GUYOT

La fouine fouinarde ou trompeuse, *mustela guyota dolosa*, est la variété politique de l'espèce fouine, qui est comprise, avec la martre commune et la zibeline, dans le genre martre, mammifère carnassier digitigrade. Cette espèce habite l'Europe et l'Asie occidentale, et la variété politique vit plus particulièrement en France ; d'origine bretonne, la fouine fouinarde s'est établie sous le climat séquanien, après un court séjour dans la région méridionale.

L'animal a une physionomie qui ne manque pas de finesse, mais qui est quelque peu grimaçante ; il a l'œil vif et malicieux. Son corps flexible s'allonge, pour ainsi dire, à volonté ; ce qui lui permet de se glisser adroitement, par des ouvertures fort étroites, dans les endroits les plus divers, greniers électoraux, granges policières, caves radicales et combles opportunistes. Ses mouvements sont très agiles ; il saute et bondit plutôt qu'il ne marche, et grimpe aisément le long des murs crépis pour entrer dans les pigeonniers d'actionnaires ou les poulaillers de préfecture. Il est, en quelque sorte, un diminutif du renard ; mais, chez lui, la rouerie est surtout une profonde duplicité.

La fouine fouinarde a pour domicile préféré les bois de la presse ; elle se cache dans les fentes des rochers littéraires. Mais, pour pouvoir accomplir plus facilement ses méfaits, elle ne craint pas de s'établir dans les habitations. C'est ainsi qu'elle a demeuré assez longtemps dans l'usine d'un chocolatier républicain. Depuis, elle a passé chez un fabricant de lanternes, occupant son grenier où elle se dissimulait dans le creux d'un vieux pseudonyme. On reconnaît aisément sa présence à l'odeur caractéristique qu'elle laisse après elle ; cette odeur ressemble assez à celle d'une fuite de gaz et provient de ce que l'animal fit, en une circonstance mémorable, un séjour très prolongé dans les ateliers de la Compagnie parisienne du gaz d'éclairage ; la fouine fouinarde s'est tellement imprégnée de l'odeur de l'usine, qu'elle n'a jamais pu s'en débarrasser, malgré de nombreux essais de lavage à l'eau courante des justifications.

Cet animal recherche volontiers la solitude ; il passe de longues heures tapi dans son gîte. D'autre part, il est querelleur et s'attaque souvent aux animaux de sa taille ; il ne craint pas de se mesurer même avec les plus gros matous de la magistrature, et se bat aussi, à l'occasion, avec les mulots anarchistes, les vieux rats socialistes et les belettes révolutionnaires ; dans ces luttes contre ces divers animaux, il n'a pas toujours eu l'avantage.

Quand il attaque plus faible que lui, il est d'une férocité de bête fauve. Malheur aux pigeons dans le colombier desquels il réussit à s'intro-

duire ! il en fait un vrai massacre et les plume
sans pitié.

La fouine fouinarde, moins rusée que le
renard, donne parfois dans les panneaux qu'on
lui tend. C'est ainsi que les gérants de la grande
ferme opportuniste sont parvenus à prendre
l'animal au moyen d'un piège en forme de portefeuille, dans lequel notre carnassier a laissé
un bon morceau de sa peau radicale.

NOTICE BIOGRAPHIQUE COMPLÉMENTAIRE

M. Yves Guyot est un Breton ; mais, comme son
compatriote Renan dont nous allons parler plus loin,
il a renié les vieilles traditions de la catholique Bretagne.

Il est né, le 6 septembre 1843, à Dinan (Côtes-du-
Nord).

Son premier ouvrage, *l'Inventeur*, sorte de roman
rempli de chiffres et mortellement ennuyeux, a été
publié alors qu'il avait vingt-trois ans (1866). A l'occasion de ce volume, il vint à Paris, et entra dans le
journalisme, comme collaborateur à une petite feuille
libre-penseuse, *la Pensée Nouvelle*. Cette collaboration ne lui rapportait pas grand'chose, il se rabattit

sur la province et fut envoyé à Nîmes pour y être le rédacteur en chef d'un journal fondé par l'opposition républicaine sous le titre de *l'Indépendant du Midi*. De Nîmes, il revint au bout d'un an à Paris et entra au *Rappel* (1869).

Lors de la guerre, il resta à Paris, où il fut garde national. Pendant la Commune, il fut membre de la Ligue des Droits de Paris, société violemment opposée aux droits de l'Assemblée nationale; dès cette époque, il réclamait pour la capitale l'autonomie; il voulait que Paris fût un petit État révolutionnaire dans l'État. Toutefois, il fut assez habile pour ne pas se compromettre et laissa les insurgés se débrouiller comme ils purent. Après la terrible crise, il créa un journal intitulé *la Municipalité*, qui passa absolument inaperçu et dut bientôt disparaître.

En 1871, MM. Sigismond Lacroix, Louis Asseline et lui fondèrent une nouvelle feuille, *le Radical*, qui n'eut pas un grand succès, mais qui parvint néanmoins à vivoter pendant deux ans.

N'ayant plus d'organe personnel, il se remit à publier des volumes. C'est de 1873 à 1875 que parurent ses livres : *Études sur les doctrines sociales du christianisme*, ouvrage conçu dans un sens nettement irréligieux; les *Préjugés politiques*, où il attaquait avec la dernière violence tous les principes d'ordre, d'autorité, de raison d'État, qui sont la base des gouvernements; et l'*Histoire des Prolétaires*, en collaboration avec M. Sigismond Lacroix, glorification des partis socialistes-révolutionnaires.

En 1874, il fut élu conseiller municipal de Paris

pour le quartier Saint-Avoye et siégea parmi les
intransigeants les plus forcenés.

En 1875, il fut mis en rapport avec M. Menier, le
célèbre chocolatier, républicain modéré, grand ami
de M. Thiers. Alors M. Yves Guyot, devenu rédacteur
du *Bien Public* et de la *Réforme Économique*, deux
journaux appartenant au chocolatier, fut un des thu-
riféraires attitrés du massacreur de Paris. Et ce qu'il
faut admirer, c'est l'aisance avec laquelle le Breton
renégat met sa plume au service de deux opinions
contraires, et cela en même temps ; car, tandis qu'il
était républicain à l'eau de rose dans le *Bien Public*,
il se montrait farouche radical dans les *Droits de
l'Homme*, organe d'extrême-gauche (1876).

En 1878, il devint rédacteur de la *Lanterne*. Ce
journal, fondé sous l'ancien titre de la brochure
hebdomadaire d'Henri Rochefort, avait eu pour créa-
teur un certain M. Victor Ballay, de Lyon, qui pensa
faire fortune en exploitant la vogue dont avait joui
le pamphlétaire, alors réfugié à Genève. Malgré la
collaboration assidue d'Henri Rochefort, le journal
donna de peu brillants résultats à son propriétaire ;
et celui-ci, à bout de ressources, le vendit à un banquier israélite, M. Eugène Mayer. C'est alors que
M. Yves Guyot commença dans la *Lanterne*, sous le
pseudonyme « Un vieux petit employé », cette collection d'articles, dirigés contre la préfecture de police,
qui ont causé si grand tapage.

M. Mayer, pour faire affluer dans la caisse de la
Lanterne les gros sous du bon public, avait voulu une
série de scandales. M. Yves Guyot fut le scribe gagé

qui se voua à cette triste besogne. Après les articles du « Vieux petit employé », vinrent les soi-disant révélations d'un « Agent des mœurs ». A ce métier, M. Yves Guyot, qui finit par être démasqué, gagna de beaux appointements et une condamnation à six mois de prison (1878). Il n'en continua pas moins ses articles. Soutenu par les brouillons de l'extrême-gauche de la Chambre, il lassa le préfet de police, M. Albert Gigot, et le ministre de l'intérieur, M. de Marcère, qui donnèrent leur démission (mars 1879).

Entre temps, il avait été un des principaux organisateurs des fêtes du Centenaire de Voltaire (1878) et du Congrès international tenu à Gênes pour l'abolition de la police des mœurs et des règlements qui régissent la prostitution. En 1878, aussi, il s'était porté, mais sans succès, candidat à la députation dans l'une des circonscriptions de Bordeaux.

Pendant de longues années, M. Yves Guyot fut le principal rédacteur de la *Lanterne*, à laquelle Henri Rochefort avait retiré sa collaboration ; il en était le véritable rédacteur en chef, sous la direction de M. Eugène Mayer.

En 1880, il fut réélu conseiller municipal de Paris, mais cette fois dans le quartier Notre-Dame. En 1881, il posa sa candidature à la députation, lors des élections générales, dans le Ier arrondissement de Paris, contre M. Tirard, dont il devait devenir, huit ans plus tard, le collègue de cabinet. Il échoua assez piteusement.

En 1884, il subit un échec encore plus mortifiant pour son amour-propre : au mois de mai de cette

année, le conseil municipal de Paris fut renouvelé, et
M. Yves Guyot ne put réussir à se faire réélire ; il fut
battu à plates coutures par un modeste industriel,
M. Ruel, propriétaire d'un bazar.

Tout en collaborant à la *Lanterne*, M. Yves Guyot
publiait de nouveaux volumes : *la Prostitution* (1881) ;
l'Enfer Social (1882) ; *la Morale* (1883) ; *la Police*
(1883). Tous ces livres sont des ouvrages de physio-
logie et, en même temps, de polémique. Notons aussi
deux volumes (1884) qui sont moins des romans que
des pamphlets : *Un Fou ; Un Drôle*.

M. Yves Guyot est, en effet, un travailleur infatigable. Il produit avec une extrême facilité, et ses
articles, comme ses volumes, se ressentent de la pré-
cipitation avec laquelle il écrit. En réalité, il écrit
trop. C'est l'homme qui, bien que surmené, ne sait
pas refuser des articles à qui lui en demande, à la
condition, bien entendu, que sa prose soit convena-
blement payée. Il n'a aucune conviction ; mais, au
point de vue du métier, il est consciencieux, et les
directeurs de journaux en ont pour leur argent. Ainsi
dans le beau temps où Gambetta était le grand chef
de l'opportunisme, la *Lanterne*, à la tête de la presse
radicale, menait la campagne contre le tribun populaire ; d'autre part, le *Voltaire*, moniteur des opportunistes, soutenait avec vigueur la politique de l'orateur génois. Il fallait une plume alerte pour répondre
aux attaques de la *Lanterne*; le directeur du *Voltaire*
eut l'idée splendide de s'adresser à l'auteur des attaques lui-même, qui accepta avec le plus noble empressement ; et, pendant quelques mois, M. Yves Guyot,

écrivant sous deux pseudonymes différents, travailla à la fois pour les deux journaux hostiles, se réfutant lui-même, dénigrant Gambetta dans la *Lanterne* et le portant aux nues dans le *Voltaire*. De même, malgré sa qualité d'ancien communard, il fut un des membres du comité qui provoqua les souscriptions pour l'érection d'une statue de M. Thiers. De même, il eut deux attitudes absolument contraires, à propos de la question du gaz de Paris, dans ses articles de la *Lanterne* et dans ses discours au conseil municipal. Mais ne pénétrons pas ces mystères ; cela nous mènerait trop loin.

Quoi qu'il en soit, on ne peut pas contester à M. Yves Guyot ses qualités de tacticien habile en politique. Il sait manier les comités et s'insinuer partout. C'est à force d'intrigues que, lors des élections législatives d'octobre 1885, il eut, lui, le conseiller municipal blackboulé, se faire inscrire sur les listes radicales de Paris et passer au ballottage avec l'appoint des opportunistes. Son radicalisme ne l'a pas non plus beaucoup gêné, quand il s'est agi pour lui d'entrer, le 28 février 1889, dans le cabinet Tirard, avec le portefeuille des travaux publics.

Aux élections générales de 1889, il n'a été réélu que grâce à l'appoint des opportunistes et au ballottage du 6 octobre ; au premier tour de scrutin, il eut seulement 4,493 voix sur 12,270 votants (I⁰ arrondissement de Paris).

Un dernier trait peindra bien l'homme. Je tiens l'anecdote de M. Yves Guyot lui-même, se vantant à moi, il y a cinq ou six ans, de ce qu'il appelait un

bon tour. Une vieille parente, — sa tante, si j'ai bon
souvenir, — lui avait légué une propriété située en
Bretagne; au bord de la route, mais sur le terrain
même de la propriété, se trouve une croix, érigée en
souvenir de la prédication d'une mission. Or, la tante
de M. Yves Guyot, en rédigeant son testament, y
avait inséré cette condition expresse : c'est que son
neveu ne pourrait, sous aucun prétexte, *enlever* la
croix ; faute d'acceptation de cette clause, le legs
devait passer à un autre parent. M. Yves Guyot sous-
crivit à la condition imposée par sa tante défunte ;
mais, sitôt mis en possession de la propriété, il fit
construire, tout autour de la croix de mission, un
mur circulaire, la renfermant complètement, comme
dans une tour sans porte ni fenêtre, la faisant, en un
mot, disparaître d'une façon absolue, quoique sans
l'*enlever*. Dans l'intimité, M. Yves Guyot rit beaucoup
de la bonne vieille tante « qui n'avait pas prévu cette
manière ingénieuse de tourner la difficulté ». Il va
sans dire que M. Yves Guyot est un des libres-penseurs qui ne laissent jamais échapper une occasion
de tonner contre Escobar.

LE POURCEAU

VERGOIN

Le pourceau, le porc ou le cochon, — comme vous voudrez, — est, de tous les quadrupèdes, le plus brut; toutes ses habitudes, dit Buffon, sont grossières, tous ses goûts sont immondes. Cet animal ne se plaît que dans l'ordure; il s'y vautre avec délices. Aussi, est-il peu commode de citer une bête plus répugnante. C'est un genre de pachyderme à corps trapu, dont l'espèce la plus vulgaire est domestiquée. Certaine variété du cochon, le pourceau maçonico-radical, *porcus vergoinus demagogicus*, mérite, de notre part, un examen particulier. Mais rassurez-vous, cet examen sera court. La malpropre bête est peu intéressante, n'est-ce pas?

Ce pourceau, plus que tous dépravé, est né dans une étable parisienne. De bonne heure il montra ses sales instincts : il était même à tel point dégoûtant, qu'on dut se débarrasser de lui partout. C'est ainsi qu'on le vit passer successivement d'un marché à l'autre, de Paris à Alençon, d'Alençon à Epernay, d'Epernay à Perpignan, de Perpignan à Aix, d'Aix à Dijon, de Dijon à Grenoble. Enfin, les cultivateurs de Versailles finirent par le garder et lui construisirent un toit-à-porc auquel on donna le nom de «députation». Il le salit, comme il avait sali tous les autres trous où on l'avait logé.

Ce fut là qu'il se signala par des excentricités qui le mirent en vedette : les gazettes s'occupèrent de cet animal infect, comme si c'eût été un personnage, et, pendant quelque temps, on ne parla plus que du *porcus vergoinus* et d'une truie à « sombre-œil ». Mais bientôt les malpropretés du pourceau radical cessèrent de défrayer la chronique, le silence se fit, la sale bête put se délecter obscurément dans son fumier et son eau de vaisselle.

Il semble qu'après le scandale dont il avait été la cause, l'animal eût dû se tenir heureux de l'oubli qui commençait à se faire sur son nom. Il n'en fut point ainsi. Le pourceau radical s'en vint paître dans les prairies boulangistes, étalant sa honte sans vergogne, et, — il faut bien le dire, — assez agréablement accueilli par ses compagnons de pâturage ; ce qui, nous le disons en toute franchise, n'est pas à la louange de ceux-ci.

C'est faire beaucoup d'honneur au *porcus vergoinus* que le citer parmi les animaux de la Ménagerie Politique. Il était pourtant nécessaire de le mentionner ; le pourceau radical est le type de l'abjection démagogique. De même que les Spartiates montraient à leurs fils l'ilote ivre, pour leur inspirer le dégoût de l'ivresse, de même, nous devions montrer ce crapuleux pachyderme qui a acquis une réputation de lubricité sans exemple et qui est également fameux par une voracité que rien ne dégoûte.

Nous n'étonnerons personne en ajoutant, pour terminer, que ce héros des toits-à-porcs d'extrême-gauche est atteint d'une ladrerie, compliquée de satanisme maçonnique ; tout le monde sait que le démon se réfugie volontiers dans le corps des pourceaux.

NOTICE BIOGRAPHIQUE COMPLÉMENTAIRE

A vrai dire, nous avons hésité longtemps avant de faire figurer M. Vergoin dans notre galerie humouristique des principaux personnages de la troisième République. M. Vergoin est loin d'être un homme marquant : c'est tout au plus une notabilité de dixième ordre. Mais, s'il n'offre aucun intérêt par lui-même, du moins ce député est la preuve caractéristique du degré d'abaissement auquel la politique est tombée en France.

A cet égard, une mention et même une étude de ce personnage avaient leur utilité.

M. Jean-Marie-Maurice Vergoin est né à Paris, en 1850. Ses débuts dans la politique furent assez accidentés. Après avoir été professeur de droit usuel au lycée d'Alençon, il devint le chef de cabinet du préfet de l'Orne.

Puis, il prit une étude d'avoué à Epernay. Il ne la garda pas longtemps.

En 1880, le garde des sceaux, qui était alors l'enragé franc-maçon Cazot, fit entrer M. Vergoin dans la magistrature, sur la recommandation de la secte toute-puissante ; beaucoup de nominations, qui étonnent le public, sont dues, sous cette troisième République, à l'influence des loges. M. Vergoin fut donc nommé procureur auprès du tribunal civil de Mayenne ; à la fin de la même année, il passait au parquet de Perpignan. Il demeura procureur au chef-lieu des Pyrénées-Orientales pendant tout 1881. L'année 1882 vit sa nomination au poste d'avocat général près la cour d'Aix ; l'avancement était rapide, comme on voit. Mais M. Vergoin avait des allures telles, que ses chefs ne tardaient pas à vouloir l'éloigner ; ce magistrat manquait absolument de tenue. S'étant rendu impossible à Aix, il fut envoyé à Dijon, et de là, à Grenoble, en 1884. Dans ces deux derniers postes, à propos des discours de rentrée dont il était chargé, il eut avec ses chefs des démêlés qui eurent du retentissement. La seconde fois, se refusant aux modifications de fond et de forme qui lui étaient demandées, il donna sa démission.

Survinrent les élections générales de 1885. Les radicaux de Seine-et-Oise, ayant à leur tête le F∴ Colfavru, président du conseil de l'ordre au Grand Orient de France, avaient une liste incomplète. La Maçonnerie, qui distribuait alors les candidatures, désigna, pour compléter la liste, le F∴ Vergoin et un de ses jeunes amis, le F∴ Hubbard, avocat. La liste radicale ne fut élue qu'au ballottage. Au premier tour de scrutin, M. Vergoin n'avait obtenu que 33,634 voix sur

114,345 votants. Au second tour, il fut plus heureux : 54,947 électeurs votèrent pour lui, bien qu'il fût totalement inconnu dans le département. Cette fois, il était bien député.

M. Vergoin ne se faisait guère remarquer à la Chambre, où il n'était pas de taille à jouer un rôle, lorsqu'une affaire passablement scandaleuse vint tout à coup le signaler à l'attention publique.

C'était le 16 avril 1886. Une de ces créatures qui sont le fléau des grandes villes, causait un esclandre épouvantable en plein Paris. Quatre agents de police avaient peine à la maintenir. Écumante de rage, elle poussait des cris stridents, résistait aux représentants de l'autorité, ameutait la foule, criant que, pour se débarrasser d'elle, son amant, qui était un député, l'avait jetée à la porte et la livrait à la police. Cette scène se passait devant une maison du boulevard Sébastopol. Finalement, les agents eurent raison de la courtisane et l'emmenèrent.

Le lendemain, tous les journaux racontaient l'affaire.

Bientôt un procès vint apprendre au public de fort vilaines choses.

La donzelle dont il s'agit était une fille Schneider, qui se faisait appeler dans le monde de la galanterie « mademoiselle de Sombreuil ». Elle n'était pas de la première jeunesse ; mais, le maquillage aidant, elle produisait encore un certain effet, le soir, au théâtre, à la lumière des lustres.

Son existence avait été des plus aventureuses. Fille d'un commerçant allemand résidant à Constantinople, elle était venue chercher fortune en France, vers 1872. Elle prétendait avoir eu une liaison avec un M. de Sombreuil, qui resta introuvable, et dont, en tout cas, elle avait pris indûment le nom. Puis, elle fit la connaissance d'un agent de change, M. M***, de Lyon. Après quoi, elle devint la maîtresse d'un banquier, M. F***, dont les largesses lui permirent de mener pendant quelque temps l'existence la plus luxueuse. Ce banquier ayant fait la culbute, la fille Schneider tomba dans la misère. Pour en sortir, elle eut recours au chantage, et, s'étant rendue à Lyon, essaya de soutirer de l'argent aux imbéciles qui avaient commis la lourde faute de se lier avec elle. Ces intrigues, mêlées de violences, lui valurent un mois de prison et une mise en demeure de quitter France à l'expiration de sa peine. Mais la « Sombreuil » ne l'entendait point ainsi. Au lieu de passer la frontière, elle regagna Paris et recommença sa vie d'aventures ; sa conduite, par trop dévergondée, lui attira un arrêté d'expulsion, pris contre elle par le préfet de police.

C'est alors que cette intrigante, pour braver les décrets de l'autorité, eut l'idée de se trouver un protecteur parmi les députés de la majorité républicaine. Elle réussit à gagner les bonnes grâces de M. Vergoin ; et cet homme, ce représentant de la nation, cet ancien magistrat, consentit à jouer un rôle abject pour satisfaire une honteuse et coupable passion. Et sous notre troisième République, telle est la moralité des personnages qui occupent le pouvoir, que le ministre de l'intérieur lui-même, pour complaire à un radical de la majorité parlementaire, intervint en faveur d'une prostituée auprès du préfet de police et lui signifia de ne pas exécuter son arrêté d'expulsion.

Certes, il nous en coûte de raconter ces hontes de la politique républicaine ; il ne nous plaît guère de remuer de la boue, et l'on a pu voir, par les biographies précédentes, que nous avons le respect de la vie privée de nos adversaires. Mais ici, il ne s'agit pas de faits d'un ordre privé. Le scandale a été public, et au surplus, malgré la répugnance que nous éprouvons, il nous paraît nécessaire d'écrire et de buriner ces hontes, afin que les électeurs des députés de gauche sachent bien quel usage leurs représentants font de leur influence et quel trafic d'ignominies s'opère entre les ministres et les membres d'une majorité sans scrupules.

Revenons à la « Sombreuil ».

M. Vergoin était enchanté d'avoir une maîtresse, qu'il payait en la couvrant de sa protection officielle. Malheureusement pour lui, il avait affaire à une diablesse quelque peu écervelée et, en outre, fort compromettante. Elle allait à la Chambre et lui envoyait des œillades du haut des tribunes publiques. Un soir, à un grand bal à l'Hôtel Continental, il la vit tout à coup apparaître, s'emparer malgré lui de son bras, et l'obliger à faire avec elle le tour des salons. Bref, il en eut bientôt assez, et, pour se débarrasser de l'importune, ne trouva rien de plus simple que de prier le ministre de vouloir bien faire remettre en vigueur l'arrêté d'expulsion concernant la fille Schneider. Naturellement, le ministre, qui avait besoin de la voix de M. Vergoin pour un prochain vote de confiance, acquiesça de bon cœur à cette nouvelle demande.

La fille Schneider fut donc arrêtée et conduite à Marseille, afin d'être là embarquée pour Constantinople. Mais ne voilà-t-il pas que, quelques jours de liberté provisoire ayant été laissés à cette fille, elle fait à l'hôtel la connaissance d'un autre député radical, M. Guillot, de l'Isère, et l'ensorcèle à son tour. Celui-ci se donne la mission de réconcilier l'abandonnée avec son ami Vergoin, va le rejoindre à Aix où il plaidait. Scène d'attendrissement. Conclusion : les deux représentants du peuple se rendent auprès du préfet et obtiennent un nouveau changement de programme ; l'arrêté d'expulsion ne sera pas exécuté.

Retour à Paris ; seconde brouille ; nouvelle démarche de M. Vergoin auprès du ministre ; signature d'un nouvel ordre d'exécution du fameux arrêté d'expulsion.

Quelle dégoûtante comédie!

C'est à ce moment que se passa la scène racontée plus haut.

Arrêtée de nouveau et conduite cette fois à Constantinople, la « Sombreuil » en est revenue ; et, depuis cette époque, une notable partie de son existence se passe en correctionnelle et en prison. Elle a même cherché à se marier avec un septuagénaire pauvre, qui, pour une somme convenue, voulût bien lui donner son nom et, en lui procurant ainsi le bénéfice de la naturalisation, lui épargnât les expulsions fréquentes qui font son désespoir. Ce marché malpropre a été sur le point d'aboutir.

Quant à M. Vergoin, le tribunal civil de la Seine, dans son audience du 21 juillet 1886, prononçait le divorce entre lui et madame Vergoin ; car le protecteur intermittent de la « Sombreuil » était marié. Le bénéfice du divorce a été accordé à la malheureuse femme, ainsi que la garde de sa petite fille. Le jugement était basé « sur l'inconduite notoire du mari », qui, par-dessus le marché, avait essayé de faire enfermer sa femme comme folle, parce qu'elle pleurait sur sa dot disparue.

M. Vergoin est aujourd'hui boulangiste.

Aux élections générales de 1889, il a posé sa candidature dans la deuxième circonscription du XXᵉ arrondissement de Paris, où il a été battu par M. Tony-Révillon, radical antiboulangiste. Au surplus, le nouveau parti, dont le général Boulanger est le chef, n'a réussi à conquérir en tout qu'une quarantaine de sièges ; et cela n'a rien d'étonnant. Pour n'avoir pas épuré son état-major, pour avoir accueilli des Naquet et des Vergoin, le général a altéré la confiance que la nation avait eue un moment en lui : en effet, nous ne saurions trop le répéter, en France, le peuple, qui est foncièrement honnête, n'aime pas voir des gens malpropres prendre part à la direction de la politique.

LE GORILLE

ÉCOLE COMMUNALE
SORTIE — ENTRÉE

NI DIEU NI ÂME — L'HOMME DESCEND DU SINGE

BARODET

Dans l'ordre des singes, le gorille forme une espèce de la famille des anthropoïdes ; il est, en outre, le plus grand des singes voisins de l'homme. Le gorille commun habite l'Afrique et principalement la côte occidentale ; la variété politique de l'espèce, *gorilla laïcisans* ou *simius barodetus,* habite la France et est originaire du Mâconnais.

L'existence du gorille a été longtemps mise en doute, et c'est seulement depuis le milieu de notre siècle qu'elle n'est plus contestée. On a sur cet animal des indications qui remontent à la plus haute antiquité ; mais, pendant des siècles, on ne les a pas prises au sérieux.

C'est Hannon, le célèbre amiral carthaginois, qui, dans une exploration autour de l'Afrique, rencontra, dit-il, ces grands singes, qu'il prit pour des femmes sauvages, entièrement velues, et auxquelles il donna le nom de gorilles. Ces femmes, raconta-t-il, déchiraient avec leurs ongles ceux qui voulaient les approcher. Aucun des mâles, en beaucoup plus petit nombre, qui vivaient avec elles, ne put être capturé ; mais on réussit à tuer trois femmes, dont les peaux furent rapportées à Carthage et conservées dans un temple. La contrée où Hannon fit cette découverte paraît être le Gabon. Son récit, difficile à contrôler, donna lieu à des légendes ; de ces gorilles, Pline tira ses fabuleuses Gorgones ; si bien que Cuvier, Buffon, Linné et les autres savants ont cru que les gorilles avaient été imaginés à plaisir.

Cependant, le gorille était un être réel ; Hannon

ne s'était pas moqué de ses contemporains. Au cours du dix-septième siècle, il y eut bien deux voyageurs anglais, Battel et Jobson, qui signalèrent la présence de cette espèce remarquable de singes sur la côte occidentale d'Afrique ; mais, dans le monde des naturalistes, on ne tint pas compte de leurs indications, qui, du reste, avaient été beaucoup trop vagues. Le premier explorateur, précis dans ses descriptions du gorille, fut le docteur Savage, en 1847. Enfin, le docteur Franquet, chirurgien de marine, rapporta, en 1852, un squelette de gorille mâle, et en fit don au Muséum de Paris. Jamais on n'avait pu, jamais on n'a pu prendre un gorille vivant ; cette bête est d'une férocité telle, qu'il est absolument impossible de la capturer. Sa force est prodigieuse. Armé d'un bâton ou seulement de ses ongles, le gorille ne craint ni le lion ni l'éléphant ; dans ses rencontres avec l'homme, il a presque toujours l'avantage, même si l'homme est armé ; en tout cas, s'il succombe dans la lutte, ce n'est pas pour tomber en captivité, il se fait tuer.

Eh bien, il n'était pas nécessaire d'aller jusqu'au Gabon pour trouver des gorilles, puisque, nous l'avons dit plus haut, nous avons en France la variété politique de l'espèce. Il est vrai que le *gorilla laïcisans* s'est seulement fait connaître depuis un peu plus de vingt-cinq ans.

On sait que, d'après le système des matérialistes, l'homme ne serait qu'un singe perfectionné, et que c'est le gorille qui par ses formes et ses aptitudes se rapproche le plus de l'homme. Le gorille politique partage l'opinion de Darwin et autres pseudo-savants. Au fait, quand on le regarde, on ne saurait dire s'il est homme ou singe.

Ce gorille, à l'instar de ses congénères du Gabon, est massif, avec un air repoussant et une physionomie bestiale. Son museau est proéminent. Les narines sont larges; les épaules, vastes; les bras, longs; les mains, énormes. Sa taille est à peu près la taille humaine. Sur ses yeux, qui sont petits, l'animal ramène la peau du front comme un bourrelet, dès qu'il est irrité.

Le gorille politique semble s'être fixé en France pour venger ses congénères de la côte l'Afrique, auxquels nos explorateurs donnent souvent la chasse. Il déteste l'homme civilisé, il hait quiconque croit à une âme immortelle. Son espèce, tout à fait indomptable, n'a jamais pu être apprivoisée; en revanche, tous ses efforts tendent à s'emparer des petits enfants des familles humaines. Pour saisir sa proie, il se met à l'affût, auprès des écoles communales, et y pénétrer tout à coup, après avoir obligé les frères et les sœurs, gardiens de l'enfance, d'en sortir.

Malgré sa ressemblance avec l'homme, le gorille, même celui de la variété politique, est encore bien distinct et très éloigné de notre espèce. Tandis que l'homme croît en intelligence, depuis son enfance jusqu'à l'âge mûr et souvent au delà, le gorille voit son intelligence diminuer avec les années et même disparaître complètement. Pour constater ce fait, il suffit de comparer la tête osseuse du gorille très jeune à celle du même animal à l'âge adulte : l'angle facial devient, avec les années, de plus en plus aigu, le museau de plus en plus proéminent, les mâchoires grandissent d'une façon considérable, le front est de plus en plus surbaissé et fuyant, le cerveau se rétrécit (tandis que chez l'homme il se développe) ; ce qui est la preuve matérielle de la diminution progressive des facultés mentales.

Le gorille, donc, loin de toucher à l'homme, n'en est que la monstrueuse parodie.

NOTICE BIOGRAPHIQUE COMPLÉMENTAIRE

M. Désiré Barodet — désiré, sans doute, par Dieu, mais accaparé par le diable, — est né, le 27 juillet 1823, à Sermesse (Saône-et-Loire). Il est le fils d'un instituteur communal, un brave homme qui aurait bien voulu le voir entrer dans les ordres. Le jeune Barodet fut donc placé par son père au petit séminaire d'Autun ; mais il ne tarda pas à le quitter pour entrer à l'École normale primaire de Mâcon.

Nommé instituteur d'abord dans le Jura, puis, en 1847, à Dantange (Saône-et-Loire), il s'occupait plus de politique que de son école, se passionnant pour les réformistes, à la fin du règne de Louis-Philippe, et devenant républicain des plus exaltés, au lendemain de la révolution de Février. Comme il négligeait par trop ses devoirs d'instituteur, le ministre dut finalement le révoquer (19 février 1849). Il fonda alors une école libre à Cuisery ; mais il l'abandonna au bout de deux ans : le métier de marchand de soupe ne lui réussissait pas. Il fut alors précepteur particulier chez un riche minotier.

Vers 1857, il renonçait complètement à l'enseignement, même dans les familles, et venait se fixer à Lyon. Il y fut tour à tour teneur de livres, fabricant de baryte et agent d'assurances. On le voit, M. Barodet était, dans toute l'acceptation du terme, un déclassé, changeant à tout instant de profession, ne réussissant à rien ; il était bien digne de trouver sa voie dans la politique républicaine.

Son dernier métier d'agent d'assurances lui avait donné l'aplomb nécessaire pour devenir un bon courtier électoral. Il se fit le courtier de M. Hénon, député de l'opposition : on était alors vers la fin de l'Empire. Toutefois, en 1869, il ne réussit pas à faire passer son patron, qui se laissa distancer par un candidat plus radical que lui, M. Bancel.

A la nouvelle de nos désastres, en 1870, il fut un de ceux qui pensèrent que l'occasion était favorable de faire une révolution. Aussi, lorsqu'on apprit qu'une grande partie de notre armée venait d'être faite prisonnière à Sedan, il se mit à la tête des bandes d'émeutiers, envahit l'hôtel de ville, et, avec ses complices, proclama la République à Lyon dès le matin du 4 septembre, devançant ainsi le mouvement qui devait éclater à Paris.

Le 20 septembre, M. Hénon, nommé maire, le choisit pour un de ses adjoints. A ce poste, M. Darodet se signala par son ardeur révolutionnaire, persécutant le clergé et particulièrement les instituteurs congréganistes. Lors de la convocation de l'Assemblée nationale, il se rendit à Bordeaux, comme délégué du conseil municipal de Lyon, pour protester contre l'armistice. Un mois plus tard, c'est à Versailles qu'il se rend pour prendre auprès du gouvernement régulier le rôle de défenseur de la Commune ; il eût voulu amener une transaction entre M. Thiers et les gens de l'hôtel de ville ; inutile de dire que sa mission fut couronnée d'un plein insuccès.

M. Hénon étant mort le 31 mars 1872, M. Barodet lui succéda comme maire de Lyon. Il remplit ces fonctions pendant une année et la passa tout entière en luttes contre les représentants du gouvernement. En présence de cet état de conflit permanent, qui n'était certes pas fait pour favoriser la bonne administration des intérêts de la ville, M. Thiers demanda à l'Assemblée nationale de modifier l'organisation de la municipalité lyonnaise et de supprimer la mairie centrale comme on l'avait fait pour Paris. Cette loi fut votée le 4 avril 1873, et M. Barodet dut résigner, deux jours après, ses fonctions de maire entre les mains du préfet du Rhône.

La lutte de M. Barodet contre le gouvernement avait vivement préoccupé l'opinion publique ; on y voyait le réveil du parti des brouillons radicaux. Aussi, une élection partielle pour l'Assemblée nationale devant avoir lieu à Paris, sur ces entrefaites, par suite du décès de M. Sauvage, représentant de la Seine, les républicains avancés s'empressèrent de mettre en avant, à titre de protestation anti-gouvernementale, la candidature de M. Barodet, contre celle de M. de Rémusat, ministre de M. Thiers, son ami d'enfance, et candidat par excellence de la République conservatrice.

On assista alors, à Paris, à une bataille électorale dans toutes les règles ; ce fut un véritable combat, des plus acharnés, entre les deux politiques républicaines ; modérés et radicaux en arrivèrent, les uns contre les autres, à un débordement d'outrages, jusqu'alors inconnu ; les enfants de Marianne se dévoraient entre eux, plusque jamais. Un détail curieux de statistique montre les efforts des comités ennemis pour leur candidat respectif : c'est le nombre inimaginable des affiches, placards et bulletins répandus dans Paris pour cette élection d'un unique représentant : le comité qui patronnait M. Barodet, sans seulement le connaître, fit imprimer, pour sa part, 93,000 affiches, 180,000 placards, 1,500,000 bulletins. Sa victoire fut complète. Sur 342,656 votants, M. Barodet obtint 180,033 voix, soit 45,000 de plus que M. de Rémusat, qui en réunit 135,028. D'autre part, un candidat anti-républicain, le colonel Stoffel, porté par les bonapartistes et les légitimistes, eut seulement 26,633 voix. Le petit instituteur de Cuisery, l'agent d'assurances inconnu, le courtier électoral de M. Hénon, était donc, par un de ces coups insensés de la fortune, élu représentant de Paris (27 avril 1873).

Mais cette élection venait de prouver aux conservateurs que M. Thiers n'était plus en état de tenir tête au radicalisme, dont les récents événements annonçaient la résurrection. L'entrée de M. Barodet à l'Assemblée était la marque accablante de l'impuissance des républicains modérés ; les droites n'avaient plus dès lors à leur accorder crédit ; telle fut la raison d'être du 24 mai.

Quant à M. Barodet, il a été, depuis cette époque, constamment réélu député à Paris, soit au scrutin d'arrondissement, soit au scrutin de liste. Les électeurs du IVe arrondissement se sont accoutumés à lui et le renomment par habitude. Aux élections de 1889, même, où la lutte a été vive entre les partis, il a été réélu, mais au ballottage seulement, par 8,685 voix, contre 4,302 obtenues par le candidat boulangiste, M. de Ménorval.

A la Chambre, où il a toujours siégé à l'extrême-gauche, il a montré sa parfaite nullité. Comme homme politique, il vit uniquement sur sa réputation de « tambour de Rémusat ». Mais, tout en paraissant se borner à voter au Parlement, il est, là comme ailleurs, un des meneurs les plus actifs de la franc-maçonnerie. Il se pique d'être matérialiste, est à la tête de nombreuses sociétés anti-cléricales, et, enfin, a poussé partout à la laïcisation des écoles avec une vraie rage de damné.

LE RENARD

ANDRIEUX

Voici le plus rusé des animaux de la création, le renard, et, plus rusé encore que tous les renards ensemble, le renard-mystère, *mysteriosa vulpes andrieusa.*

Il n'est pas un tour que le coquin n'ait dans

son sac à malices; aussi, sa réputation est-elle universelle.

L'animal est un mammifère carnassier, du genre chien. Ce n'est pas seulement par sa conformation physique qu'il se distingue des autres hôtes du genre; c'est surtout par son intelligence et ses mœurs, et sa renommée n'est pas surfaite; il est plus fin, plus fécond en ressources que les autres animaux.

Son aspect est élégant. Le museau est expressif; les yeux, obliques, pétillent; les oreilles sont dressées, toujours au vent; le corps est élancé et vigoureux; le pelage est luisant, propre, bien entretenu; les pattes sont minces et courtes; la queue est un véritable ornement. Doué d'une excellente mémoire, il brille dans l'avocasserie politique, ne se laissant jamais prendre en défaut. Il a l'esprit inventif et est en même temps patient et résolu. Il rampe, lorsque cela lui est nécessaire, sait à merveille nager entre deux eaux, est, en outre, un sauteur de premier ordre, et marche sans faire de bruit, dès le moindre danger. Ses facultés variées lui permettent de s'établir n'importe où.

Il n'est personne qui ne connaisse, au moins par ouï-dire, les admirables dispositions de son

terrier favori. Ce gîte lui a servi longtemps, et
il fut difficile aux chasseurs politiques de l'en
débusquer. Cette retraite, située à la lisière du
bois de la Justice, dérobée à la vue par d'épais
fourrés, est creusée dans la racailleuse colline,
vulgairement connue sous le nom de Butte-Mouchardines. Ce n'est pas notre renard lui-même
qui a créé ce repaire ; quand il l'occupa, ce fut
en usurpant le logement d'un autre ; mais il en
fit sa propriété, l'aménagea à sa guise, et s'y
fixa comme s'il eût été chez lui. Ce terrier profond et inaccessible se compose de plusieurs
trous, communiquant les uns avec les autres par
des galeries souterraines très-bien ramifiées : le
trou principal, ou préfectoral-donjon, est une
cavité ronde, sans issue, qui constitue l'habitation du renard ; il convient de noter encore la
fosse-aux-dossiers, où l'animal enfouit le produit
de ses rapines, et le trou-des-recherches, à l'entrée, où il se poste en observation ; ce dernier
trou a de nombreuses ouvertures.

Notre renard a toujours eu l'habileté de pro-
fiter de la chasse ou de la pêche des autres. Il
suit de loin les chasseurs, fond au bon moment
sur le gibier que le fusil d'un Nemrod parlementaire vient d'abattre et l'emporte lestement dans

son terrier. Il sait les endroits où sont tendus les pièges, et il s'approprie les victimes avant l'arrivée du tendeur. De même, tel député dispose ses filets dans le fleuve budgétaire et se montre, le matin, fort surpris de n'y trouver aucun poisson; c'est le renard qui a passé par là dans la nuit et a enlevé tout le butin. Le brigand maraude ainsi dans les fonds les plus secrets. Et impossible de le prendre sur le fait : il se garde bien, lui, de donner dans les panneaux.

Cet animal est très gourmand. Il raffole surtout des écrevisses et s'en délecte un terrier particulier. Son nom de renard-mystère lui vient d'un sobriquet à la faveur duquel il dissimula souvent ses frodaines dans les poulaillers de la rue Duphot, à Paris. Il est, en effet, grand amateur de poules ; mais il se contente de croquer sur place les cocottes et n'en est nullement ravisseur.

Nous avons parlé de la facilité avec laquelle notre renard change de domicile, aussitôt que son habitat ne lui paraît plus sûr. Ainsi, il s'était cantonné dans le département du Rhône ; on lui fit la chasse ; on prit des mesures pour le déloger, et en effet on y eût réussi. Mais le madré avait éventé tous les pièges ; quand on fut pour le traquer à Lyon, il avait déjà filé et s'était bel et bien casé dans les Basses-Alpes. De même, il avait passé, précédemment, de la Butte-Mouchardines à un terrier d'ambassade, avec une facilité étonnante.

Et, lorsqu'il ne peut saisir une proie convoitée, le rusé pousse la malice jusqu'à s'en montrer dédaigneux. Ayant voulu, un jour, s'emparer des raisins présidentiels du Clos-Méline, il ne put les atteindre ; aussi, depuis lors, dit-il à qui veut l'entendre, que ces raisins sont trop verts.

Pour ne rien oublier, rappelons qu'une fois, une seule, dans sa jeunesse, il se laissa saisir par ses adversaires. On prétend même, non sans quelque apparence de raison, qu'il le fit exprès ; car, en cette circonstance, il semble avoir su bien choisir son jour. C'était le 3 septembre 1870. Les adversaires se disaient : « Nous le tenons », et ils décidèrent de le garder en cage pendant trois mois. Le lendemain, notre renard recouvrait triomphalement sa liberté, et ce tour d'adresse fut le point de départ de sa réputation de rusé politique.

NOTICE BIOGRAPHIQUE COMPLÉMENTAIRE

Louis Andrieux est né à Trévoux (Ain), le 28 juillet 1840. Après de brillantes études au lycée de Lyon, il fut reçu licencié ès lettres, puis vint à Paris en 1859 pour y faire son droit. Comme beaucoup d'étudiants, il s'occupa de bonne heure de politique : à vingt ans, il publiait déjà des brochures et collaborait aux journaux du quartier Latin. Bientôt, il retourna à Lyon et se fit inscrire au barreau de cette ville (1863). Là, il plaida de préférence les affaires de presse; ce qui le mit immédiatement en vedette.

Il était alors très exalté. Il se prodiguait dans les réunions publiques, ne négligeant aucun moyen d'accroître sa notoriété. Lorsque les libres-penseurs organisèrent à Naples un congrès anti-clérical qui fut censément une protestation contre le concile du Vatican et que, pour ce motif, ils intitulèrent « le contre-concile », Andrieux y fut un des délégués de la région du Rhône; la protestation des quatre pelés et un tondu qui formèrent cette assemblée n'eut, en somme, pas grand écho.

De retour à Lyon, le jeune révolutionnaire se mit plus que jamais en avant, et, à la suite d'un discours prononcé dans un club, il fut condamné à trois mois de prison pour outrage envers l'Empereur. C'était en 1870. Andrieux, entré à la prison Saint-Joseph la veille de la chute du régime impérial, fut mis en liberté le 4 septembre par les insurgés.

Naturellement, le gouvernement insurrectionnel lui donna un poste. Mais ce ne fut pas sans quelques hésitations; ses amis le trouvaient trop avancé pour eux. Le vieux Crémieux, qui s'était installé au ministère de la justice, fit des difficultés pour le faire entrer dans la magistrature. Il fallut, pour vaincre ses résistances, une dépêche de Challemel-Lacour, préfet de Lyon, dépêche restée célèbre et dont voici le sens : « Andrieux est un révolutionnaire des plus exaltés, c'est vrai; mais il est ambitieux ; on le modérera en le satisfaisant. » Et le jeune radical de trente ans, qui aurait certainement mieux fait de demander une place à la frontière, fut nommé procureur de la République.

Il faut cependant lui rendre justice. Challemel-Lacour avait bien prédit. Andrieux se modéra, et même il montra beaucoup de zèle et de courage pour le maintien ou le rétablissement de l'ordre dans les troubles qui agitèrent et ensanglantèrent Lyon pendant toute la durée de la guerre et jusqu'à la soumission de la Commune de Paris. Le jour de l'assassinat du commandant Arnaud, il procéda résolument à l'enquête judiciaire au milieu des menaces d'une populace furieuse et égarée. Mais il avait contre lui ses origines; et, lorsque la France eut enfin un gouvernement régulier, les conservateurs ne manquèrent pas de rappeler, à maintes reprises, au garde des sceaux, que le chef du parquet de Lyon était l'ancien délégué des révolutionnaires matérialistes au contre-concile de Naples. Une interpellation fut adressée à ce sujet par un membre de la droite de l'Assemblée

17

Nationale, M. Paris, au ministre de la justice, M. Dufaure (30 mai 1872). Quelque temps avant l'avènement du ministère du 24 mai 1874, Andrieux démissionna. Le malin compère avait flairé le vent de la politique, et, prévoyant que les événements allaient porter ses adversaires au pouvoir, il s'évitait le désagrément d'une révocation.

Reprenant sa robe d'avocat, Andrieux partit en guerre contre le gouvernement de l'Ordre-Moral, tant et si bien que le suffrage universel, qui raffole, comme on sait, des hommes d'opposition, le nomma successivement conseiller municipal à Lyon, conseiller général pour le canton de Neuville, puis député du Rhône à la Chambre de 1876.

Quoique radical d'un beau rouge, maître Andrieux se garda bien, lui pas bête, d'aller se faire inscrire à l'extrême-gauche, groupe grincheux qui n'avait aucun avenir; il s'enrôla parmi les membres de l'union républicaine, qu'on appelait déjà les « opportunistes » ; néanmoins, il manœuvra si habilement, que ses électeurs continuèrent à le tenir pour un bon radical, toujours pur, mais grand ami de la conciliation entre républicains. Grâce à ce jeu d'équilibre, il fut trois fois réélu par sa circonscription.

A la Chambre, il avait, dès le début, pris rang parmi les orateurs les plus remarqués; en effet, son éloquence est relevée par un esprit caustique des plus fins, et les traits qu'il décoche à son adversaire mettent toujour les rieurs de son côté.

Le 4 mars 1879, Andrieux fut appelé aux fonctions de préfet de police. Dans ce poste, il fit preuve d'une poigne énergique, au grand mécontentement des radicaux farouches, qui dès lors lui tournèrent le dos. Il se soucia peu de leurs colères, eut de vifs démêlés avec les enragés du conseil municipal de Paris, prit un malin plaisir à taquiner le journal intransigeant *la Lanterne*, qui, bien qu'exerçant une influence sérieuse dans le parti républicain, n'eut jamais avec lui le dernier mot. Bref, pendant son passage à la Préfecture de police, il sembla s'être donné la mission d'embêter (qu'on me pardonne l'expression) ses anciens amis les rouges, et il y réussit à merveille. Messieurs les intransigeants ne pouvaient plus voir Andrieux, même en peinture.

Au bout de deux années de cet exercice, il se retira volontairement de la Préfecture. Réélu pour la quatrième fois (aux élections générales du 21 août 1881), il fut nommé à la Chambre, rapporteur de la commission qui fit rejeter le projet de rétablissement du scrutin de liste proposé par le cabinet Gambetta et amena ainsi le renversement de ce ministère. M. de Freycinet, en prenant la succession de Gambetta, nomma Andrieux ambassadeur à Madrid (13 mars 1882) ; six mois après, celui-ci donna sa démission.

Rentré en France, Andrieux donna des preuves d'un retour définitif aux idées modérées ; l'ancien révolutionnaire avait cessé d'être. Dans une séance fameuse (11 novembre 1882), il soutint la nécessité d'adopter une politique d'apaisement et de conciliation envers les catholiques, déclarant que le mouvement d'adhésion aux institutions républicaines s'était ralenti à la suite de l'exécution des décrets Ferry, à laquelle, du reste, il avait pris part comme préfet de police; plus tard, il témoigna, d'une manière encore plus nette, ses regrets d'avoir eu à exécuter les ordres du Tonkinois. En février 1883, lorsque radicaux et opportunistes se liguaient pour chasser de l'armée et des fonctions publiques les membres des familles ayant régné en France et préparaient les lois d'exil contre nos princes, Andrieux eut l'honnêteté de s'opposer à cette mise hors la loi et soutint même un amendement tendant à maintenir l'égalité de tous les citoyens et leur admissibilité à tous les emplois. Il a, aussi, constamment combattu la funeste aventure du Tonkin, et s'est montré, en toutes circonstances, l'adversaire résolu des candidatures officielles, dont nos maîtres d'aujourd'hui usent sans vergogne pour se perpétuer au pouvoir.

En octobre 1885, se méfiant à bon droit de ne pas être réélu dans le Rhône, où sa nouvelle attitude lui avait aliéné les radicaux ainsi que les opportunistes, il se porta avec succès dans les Basses-Alpes. Pendant la dernière législature, il a été, à la Chambre, le type du député indépendant, dans le sens le plus absolu du mot. Il a écrit dans divers journaux, notamment dans la *Ligue* où il publia ses curieux *Souvenirs d'un ancien Préfet de police* et où il amusa beaucoup le public aux dépens des francs-maçons; ce qui lui valut les anathèmes de la secte. Plus tard, il a pris la direction de la *Petite République Française*.

Deux fois porté candidat à la présidence de la Chambre, il n'a pas été élu. Mais, à chacun de ces deux échecs, il se consolait en disant que sa candidature avait été posée malgré lui ; les raisins étaient trop verts.

Aux élections de 1889, sa sagacité a été, pour la première fois, mise en défaut. M. Andrieux adhéra au mouvement revisionniste et déclara qu'il marchait avec le général Boulanger, mais sans être boulangiste ; ce qui ne l'empêchait pas de faire patronner, par les journaux du parti du général, sa candidature qu'il avait posée à Paris dans la deuxième circonscription du IX° arrondissement. Pour le coup, c'était déployer beaucoup trop de finesse ; cette attitude ne plut pas à la majorité des é'ecteurs qui, en France, et à Paris surtout, aiment les situations nettes. Aussi, M. Andrieux n'obtint-il, au ballottage du 6 octobre, que 4,882 voix, tandis que son concurrent, M. Georges Berger, républicain modéré, passait avec 6,127 suffrages.

Heureusement pour lui, M. Andrieux est homme de ressources. La leçon lui servira, sans doute, et il saura bien trouver une occasion propice pour rentrer à la Chambre, où son absence est fort regrettée ; car l'esprit, même dans le milieu parlementaire, ne perd jamais ses droits, et M. Andrieux en a à en revendre.

LE ROQUET

GOBLET

Le chien forme un genre distinct de digitigrades, dans l'ordre des carnassiers, classe des
mammifères. En outre, le genre chien est divisé
en deux sous-genres : le chien proprement dit,
et le renard, que nous venons d'étudier. Dans
le chien proprement dit, il y a encore plusieurs

subdivisions, telles que le chien cosmopolite ou domestique (canis familiaris, de Linné), le loup, le chacal, etc. Ce n'est pas tout : le chien domestique présente les races les plus variées, mais aussi les plus constantes, quand on veut les conserver pures ; et cette flexibilité, qui est une des admirables propriétés de l'espèce canine, rend très difficile une classification quelconque, et, de fait, les auteurs sont loin d'être d'accord. Cuvier, dont la classification est la plus généralement admise, a établi trois groupes de chiens, caractérisés par la forme osseuse de la tête : 1° les mâtins ; 2° les épagneuls ; 3° les dogues. Le danois moucheté ou petit danois, race appartenant au groupe des mâtins, et le doguin, race appartenant au groupe des dogues, fournissent, par leur croisement, ce petit chien hargneux, importun, aboyeur en diable, appelé le roquet, et dont le nom est passé en proverbe pour désigner les gens désagréables, aussi petits que méchants, grognons, d'humeur toujours rageuse ; le roquet parlementaire, *caniculus gobletus hirsutus*, est le type le plus hargneux de l'espèce.

Le roquet parlementaire est originaire de la Somme ; c'est sans doute pour ce motif qu'il est assommant. Il est peu intelligent et peu fidèle en quoi il tient du petit danois : et, d'autre part, il est renfrogné et brutal, en quoi il tient du doguin.

Au surplus, — ce que nul n'ignore, — le chien cosmopolite se rapproche du loup, sous plusieurs rapports. Nombre de naturalistes, se fondant sur l'identité d'organisation de ces deux sortes d'animaux, se sont même posé cette question : le chien n'aurait-t-il pas été d'abord un loup ? En tout cas, chien et loup sont incontestablement de la même famille, et l'animal qu'on désigne vulgairement sous le nom de chien n'est autre chose qu'un loup domestiqué. Mais, si le roquet ordinaire, en sa qualité de descendant du doguin et du petit danois, est simplement brutal et peu intelligent, le roquet parlementaire pousse ces défauts à l'excès : se rapprochant du loup plus que toutes les autres races de chiens, il est d'une inintelligence confinant à la bêtise et d'une méchanceté qui va parfois jusqu'à la cruauté la plus odieuse; par tempérament, il trouve une satisfaction extrême à faire le mal, agissant sans raison, uniquement pour son plaisir, pour satisfaire ses mauvais instincts. C'est ainsi qu'il s'est signalé par des actes d'une vraie férocité, à Châteauvillain, où sa rage carnassière s'est attaquée

17.

même à des femmes inoffensives ; accomplissant l'assassinat avec frénésie, il se délecta du sang innocent versé.

En ne considérant que sa petite taille, on ne le croirait pas dangereux ; mais l'animal l'est pourtant, et d'autant plus que son caractère hargneux le prédispose à l'hydrophobie.

Il a la tête arrondie, le museau court, les oreilles petites et demi-pendantes, le front bombé, le poil peu fourni.

Sous le rapport administratif, il est classé dans la catégorie des chiens de luxe. Mais, tandis que le roquet vulgaire coûte en moyenne huit francs de taxe annuelle, on paie pour le roquet parlementaire neuf mille francs par an, sous le titre de chien-député, et souvent cinquante mille francs de supplément, sous le titre de chien-ministre.

Disons maintenant comment se produit la rage chez le *caniculus gobletus hirsutus.* D'abord, contrairement à l'opinion répandue dans le public, il n'y a pas de saison où l'hydrophobie des chiens se manifeste en exerçant de plus grands ravages que dans une autre saison. Le roquet parlementaire devient enragé aussi bien en hiver qu'en été: à l'époque des sessions législatives, il a la rage de tribune, et hors des sessions, il a la rage de candidature. Cette rage est la première phase de la maladie.

L'animal commence par être soucieux dès l'ouverture de la période dite électorale : il a l'humeur sombre, est dans une agitation inquiète, ne tient plus en place, change à tout propos de circonscription; il fuit ses anciens électeurs, en recherche de nouveaux, va des uns aux autres, hésitant à fixer son choix pour sa niche, se retirant dans les recoins obscurs des arrondissements campagnards, puis, s'allongeant, énervé, sur une candidature de grande ville. Ses aboiements dans les clubs sont bizarres, ses programmes sont mal équilibrés ; bref, son attitude est suspecte. Dès lors, il convient de se garer de lui.

Après la rage de candidature, survient la rage de tribune, seconde phase de l'hydrophobie du roquet parlementaire. L'animal va et vient dans l'hémicycle de la Chambre, baissant le front, fixant sur ceux qui l'entourent un regard en dessous; son œil prend une expression de plus en plus sauvage. Sa voix commence aussi à se modifier d'une façon étonnante : il monte à la tribune, aboie à pleine gueule du premier coup, mais d'un aboiement rauque, voilé, suivi d'une

série de trois ou quatre hurlements décroissants.
Si on lui ordonne de retourner à sa place, il
n'obéit qu'avec lenteur et comme à regret. Si
l'huissier de service lui présente le traditionnel
verre d'eau sucrée, il essaie de boire ; mais la
constriction de sa gorge lui rend la déglutition
difficile. Il déchire une foule d'objets étrangers
à l'alimentation : par exemple, ses anciens programmes. Il salive avec abondance, il a la langue
pendante, et, comme il veut aboyer quand même,
il projette de petits jets de salive, appelés « pos-
tillons » en style parlementaire. A partir de ce
moment, il y a réellement péril à garder l'animal.

Mais on ne s'en débarrasse pas aussi facilement qu'on le voudrait, et c'est alors que le
roquet, devenant ministre, passe à la rage de portefeuille, troisième et dernière phase, la plus terrible. Maintenant il n'aboie plus, il hurle. Sa
gueule, enflammée, est remplie de bave écu-
meuse ; ses yeux, injectés de sang, sortent de
leurs orbites ; il a des envies immodérées de
mordre ; il se jette avec fureur sur les soutanes
qu'il rencontre, met en pièces les robes de bure
des religieuses, et tombe en convulsions dès
qu'il aperçoit de l'eau bénite. Il lui semble voir
partout des fantômes de jésuites et de capucins ;

il bondit au hasard et se lance dans une course
anti-cléricale effrénée, happant au passage tout
ce qu'il peut saisir, répandant partout sa salive
virulente, déchirant et mordant tout et tous, à
gauche et à droite, ses amis comme ses ennemis.
Dans cette crise suprême, son aspect est épouvantable.

Il y a peu de chances pour qu'on puisse jamais
guérir le roquet parlementaire. Le savant Pasteur y a lui-même renoncé, depuis que les
gavroches parisiens ont joué à notre animal le
mauvais tour de lui attacher à la queue la casse-
role de l'impopularité. Depuis lors, le roquet parlementaire est dans un état de rage indescrip-
tible : sa fureur est aveugle ; il parcourt ventre
à terre les grandes routes politiques, jusqu'au
jour où il s'écrasera contre un mur ou tombera,
épuisé, dans un fossé de haute-cour.

La fin du roquet parlementaire enragé, quand
on ne le tue pas, est toujours la paralysie sénatoriale, avec gâtisme complet et absolu.

NOTICE BIOGRAPHIQUE COMPLÉMENTAIRE

M. René Goblet est né à Aire-sur-la-Lys, le 26 novembre 1828. Avocat et journaliste, il s'inscrivit au barreau d'Amiens, et, sous l'Empire, contribua à la création du *Progrès de la Somme*, journal d'opposition grincheuse et de parti pris.

Les émeutiers du 4 septembre en firent leur procureur général près la cour d'Amiens. Préférant un fauteuil législatif à son siège de magistrat, il démissionna dès l'armistice, afin de se présenter comme candidat à l'Assemblée Nationale (8 février 1871); mais il échoua. Les frères et amis furent plus heureux, lors des élections complémentaires du 2 juillet de la même année, et réussirent cette fois à le faire passer, mais avec bien des difficultés. Il siégea à la gauche républicaine, groupe opportuniste. Il prit part à plusieurs discussions et notamment employa tous ses efforts à faire réduire les pensions de retraite des vieux serviteurs du régime précédent. Il fut un des députés qui votèrent la Constitution et l'amendement Wallon.

Aux élections générales du 20 février 1876 pour la Chambre des députés, M. Goblet posa sa candidature dans la 2ᵉ circonscription d'Amiens; il échoua au premier tour de scrutin et au ballottage. Il dut en coûter beaucoup à cet artisan d'intrigues d'être obligé de demeurer hors du Parlement. Heureusement pour lui, la Chambre dont il n'avait pu faire partie fut

dissoute l'année suivante : il changea alors de circonscription, se présenta dans la 1re d'Amiens, où
M. Barni, très malade, lui céda la place, et fut élu.

Un des plus remuants parmi les députés de la gauche,
il fut nommé membre de la commission d'enquête électorale et exerça sa rage d'élu à grand'peine, en faisant
invalider autant qu'il lui fut possible ses collègues conservateurs. En février 1879, il entra pour la première
fois au ministère, en qualité de sous-secrétaire d'État à
la justice. Au 21 août 1881, il fut réélu par 12,283 voix,
contre 6,694 obtenues par le candidat monarchiste et
2,260 par un autre candidat républicain ; c'est la
première fois qu'il obtint une belle majorité.

Ministre de l'intérieur dans le cabinet de Freycinet
(31 janvier 1882), il eut à répondre à Mgr Freppel,
qui l'interpella au sujet de l'expulsion des bénédictins
de Solesmes ; la majorité franc-maçonnique de la
Chambre approuva ses fureurs anti-cléricales. Mais
ce succès de mauvais aloi ne lui porta pas bonheur ;
le 29 juillet suivant, il était renversé avec tout le cabinet sur la question des affaires égyptiennes.

Après la chute de M. Jules Ferry, qui succéda à
M. de Freycinet, il rentra au ministère avec M. Brisson
qui lui confia le portefeuille de l'instruction publique
et des cultes (6 avril 1885) ; en plaçant à la direction
des cultes ce méchant petit bonhomme qui s'est toujours vanté d'être un ennemi de l'Eglise, le F∴ Brisson portait un véritable défi au clergé. M. Goblet,
pendant la période électorale de 1885, ne manqua
pas de faire une guerre acharnée aux prêtres. Il
échoua, dans la Somme, au scrutin de liste, lors du

premier tour de scrutin, et ne fut élu qu'au ballottage, toujours à grand'peine. Il passa sa colère sur le clergé, en supprimant les traitements d'un grand nombre de desservants. M. Brisson ayant été obligé de se retirer à raison des fraudes qui signalèrent le vote des crédits du Tonkin, M. Goblet conserva son portefeuille dans le nouveau ministère, présidé par M. de Freycinet (7 janvier 1886).

Il fut appelé ensuite à la présidence du ministère (12 décembre 1886), se montra plus persécuteur que jamais, lança ses sous-préfets et ses mouchards contre les églises, et se souilla du sang des femmes chrétiennes, en ordonnant la fermeture, à coups de revolver, de la chapelle particulière d'une usine, à Châteauvillain. Ses coups de tête et sa maladresse ayant failli compromettre le pays, lors de l'affaire Schœnebelé, il dut enfin quitter le ministère (mai 1887).

Aux élections générales du 22 septembre 1889, il a été battu, dès le premier tour de scrutin par son concurrent boulangiste, M. Lucien Millevoye, ancien magistrat démissionnaire.

Orateur médiocre, petit, rageur, antipathique à tous, M. Goblet n'est connu que par ses mauvaises actions ; tout ce qui est grand, noble, généreux, le met en fureur ; il a le fanatisme du sectaire et les haines de l'avorton.

LE BOUC

RENAN

Le bouc, *caper*, est le mâle de la chèvre. Le genre chèvre est mammifère et appartient à l'ordre des ruminants.

Parmi les différents types de cette famille, il convient de citer le bouc de Syrie, qui a sa place marquée dans notre étude spéciale, et que nous appellerons le pornographe-bouc, *renaius caper pornographicus*. Cet animal, essentiellement asiatique par ses mœurs honteuses, a passé ses premières années sur les falaises de la Bretagne; d'où il suit que beaucoup le considèrent comme breton. Mais il ne possède aucune des qualités des races françaises. Des pâtres sulpiciens tentèrent de le domestiquer; ce fut en vain. Le pornographe-bouc avait de tels instincts, qu'on dut renoncer à son éducation. Il quitta la bergerie où il avait été recueilli et se mit à vivre de l'existence sauvage et malpropre pour laquelle il était né, s'abandonnant à tous les écarts d'une prétendue liberté, qui n'est, en réalité, que de la licence.

La bienséance nous interdit de décrire les exploits de cette bête puante, qui déprave quiconque l'approche. Méprisé des honnêtes brebis, le pornographe-bouc est, au contraire, tenu en haute estime par ses congénères des troupeaux de la libre-pensée. C'est un animal infect et nuisible. Il met son bonheur à piétiner les champs où pousse la bonne semence, détruisant les moissons, espoir du laboureur. Réfugié dans les landes du Collège de France, il se nourrit de plantes amères et de racines hébraïques. Le dégoût qu'il inspire lui plaît : il aime à constater la répulsion dont il est l'objet.

Le pornographe-bouc est le véritable type de l'animalité obscène. Son mufle gras bave la sottise ; la langue est épaisse ; le menton, qui a perdu sa barbe depuis quelques années, est garni de sortes de glandes pendantes, au-dessous du cou ; le front, dénudé, porte une paire de cornes diaboliques ; le corps est pesant et trapu, se rapprochant plutôt du porc que de la chèvre. De tout l'individu s'exhale une odeur forte, particulièrement désagréable.

Il a la démarche lourde : l'âge l'a rendu lent et poussif, il se traîne.

Les bonnes gens se signent avec terreur, quand on parle de cet animal maudit ; et ce n'est pas sans raison, certes. Le bouc était autrefois la bête des sabbats, et l'individu qui nous occupe est digne, en tous points, de ses pareils du moyen âge.

On sait qu'une vieille légende dit que Luther était le fils d'une sorcière et d'un bouc. Le *renanius caper*, lui, n'a pas de progéniture, et, s'il n'a pas causé autant de mal que Luther, ce n'est point par sa faute.

Personne n'ignore non plus que c'est sous la

forme d'un bouc que le diable se complaît à se montrer à ses adorateurs. A cet égard, on se demande si le *rennius caper*, le bouc obscène de Jouarre, n'est pas une incarnation du démon.

NOTICE BIOGRAPHIQUE COMPLÉMENTAIRE

Joseph-Ernest Renan est le fils d'un épicier de Tréguier (Côtes-du-Nord); il est né dans cette ville le 27 février 1823.

Il reçut sa première éducation de sa sœur Henriette, qui dirigeait une modeste école; puis, il entra au collège ecclésiastique de sa ville natale, pour compléter ses études. De là, il fut envoyé à Paris : en 1838, l'abbé Dupanloup, qui devait devenir l'illustre évêque d'Orléans et qui dirigeait alors le petit séminaire de Saint-Nicolas-du-Chardonnet, l'admit au nombre de ses élèves; le jeune Renan demeura trois années dans cet établissement. A sa sortie de rhétorique, il passa à la maison d'Issy, succursale de Saint-Sulpice, à la tête de laquelle se trouvait l'abbé Gosselin; il y fit sa philosophie sous la direction de l'abbé Magnier. En même temps, l'abbé Le Hir lui enseigna l'hébreu. L'étude de cette langue antique l'intéressa vivement, et dès lors il eut l'ambition de se faire un nom comme orientaliste. Indépendamment de l'hébreu, il apprit donc le syriaque et l'arabe.

Mais le jeune séminariste n'avait pas la vocation ecclésiastique. Il avait même perdu la foi. Ses supérieurs s'en aperçurent, quand il aborda la théologie. Aussi, résolut-on de l'éliminer. Toutefois, il se trouva à Paris un prêtre, l'abbé Gratry, directeur du collège Stanislas, qui, aveuglé par sa bonté, crut qu'il n'y avait pas lieu de désespérer encore. Il prit chez lui Renan comme répétiteur; mais, au bout de trois semaines, l'abbé Gratry fut obligé de se rendre à l'évidence et de constater que l'âme d'Ernest Renan était rongée par le matérialisme le plus honteux. Il fallut bien le congédier. On ne doit jamais garder une brebis galeuse dans un troupeau.

Renan quitta la soutane. Un maître de pension du faubourg Saint-Jacques le recueillit, le laissant libre de disposer d'une grande partie de son temps.

En 1848, Renan fut reçu agrégé en philosophie. En 1851, grâce à la protection de M. Hauréau, conservateur à la Bibliothèque Nationale, Renan fut attaché au département des manuscrits. Enfin, en 1856, il fut nommé membre de l'Académie des Inscriptions et Belles-Lettres.

Cependant, une idée fixe obsédait l'apostat. Il voulait, dans un livre à scandale, nier la divinité du Christ; mais il tenait à présenter ses blasphèmes au public sous une forme nouvelle. Jusqu'alors, les impies avaient outragé le Divin Maître par la dérision et la moquerie; lui, en sacrilège raffiné, il voulait l'attaquer hypocritement, en prétextant de prétendues découvertes scientifiques.

Dans ce but, il se fit patronner par Sainte-Beuve et

le prince Napoléon, obtint d'être chargé d'une mission en Syrie et en Palestine, et, sous prétexte d'aller recueillir dans ces pays les débris de l'ancienne civilisation phénicienne, il partit à la recherche des matériaux dont il devait parsemer l'ouvrage exécrable qu'il méditait. Il prit pour secrétaire Édouard Lockroy, dont nous avons donné précédemment la biographie.

A son retour, il ne laissa rien percer de ses projets. L'empereur, croyant avoir affaire à un savant, et non à un sectaire, le décora de la Légion d'honneur; le ministre, de son côté, lui confia la chaire d'hébreu au Collège de France.

Renan était parvenu à son but : en matière d'érudition, il faisait désormais autorité. Le moment était donc venu pour lui d'ouvrir le feu contre la religion catholique.

D'abord, à sa leçon d'ouverture du cours d'hébreu au Collège de France, il déclara, du haut de la chaire officielle, qu'il ne croyait pas à la divinité de Jésus-Christ (février 1862). Ce défi, si insolemment jeté à l'Église, causa une grande et légitime émotion. Le cours de Renan fut interdit par l'autorité. En vain, ses collègues lui adressèrent les plus amicales représentations; Renan répondit qu'il était fermement résolu à continuer ses attaques. Loin de laisser l'opinion publique se calmer, il publia alors son fameux volume, *la Vie de Jésus*.

Ce qui domine dans cet ouvrage, c'est la profonde hypocrisie de l'auteur. Il feint de ne pas attaquer le Christ. Il daigne lui accorder son estime; il a même, pour lui, une certaine vénération d'une espèce toute particulière. Le blasphème est présenté au lecteur dans un bouquet de fleurs de rhétorique. Renan déplore que l'on ait fait de Jésus un Dieu; selon lui, Jésus est bien plus grand, si l'on ne le considère que comme homme. Le Messie, à son dire, n'est pas autre chose qu'un chef politique, un émancipateur de la démocratie. Ses miracles sont des fraudes pieuses qui faisaient partie de son plan. Il lui fallait tromper le peuple pour le sauver; c'est donc dans l'intérêt du peuple qu'il a accompli ces mille et mille supercheries qualifiées de prodiges par l'Évangile. Telle est la thèse abominable de l'écrivain. Il simule même des tendances mystiques. Dans sa préface, il ose affirmer que son livre plaira aux âmes vraiment religieuses; cette préface, adressée à sa sœur morte, est un chef-d'œuvre de perfidie. Il faut qu'il attire d'abord le lecteur chrétien sans méfiance; puis, il s'efforce de lui inspirer peu à peu le doute, toujours en prodiguant les éloges à son « héros », en affectant même une admiration sans bornes. Ce n'est qu'à la fin qu'il lève le masque. Ayant écrit tant de pages pour faire pénétrer dans l'esprit du lecteur que la croyance à la divinité de Jésus est une erreur qui ne tient pas debout devant la science. Il conclut en disant que, puisque le Christ n'est qu'un homme, il est logique d'abolir son culte, de supprimer son Église, d'en finir une bonne fois avec les prêtres et avec la papauté. « En principe, dit-il, la religion était séparée de l'État. Les droits de la conscience, soustraits à la loi politique, arrivent à constituer un nouveau pouvoir, le pouvoir spirituel. Ce pouvoir a menti plus d'une fois à son origine;

durant des siècles, les évêques ont été des princes et
le pape a été un roi. L'empire prétendu des âmes s'est
montré, à diverses reprises, comme une affreuse
tyrannie, employant pour se maintenir la torture et le
bûcher. Mais le jour viendra où la séparation portera
ses fruits, où le domaine des choses de l'esprit cessera
de s'appeler un *pouvoir* pour s'appeler une *liberté*. »

Voilà donc le cri de guerre lancé.

Les pasteurs qui ont la garde du troupeau chrétien
ne pouvaient manquer de signaler aux fidèles le livre
de Renan comme étant de dangereuse lecture. L'apostat, pour cacher son jeu, avait eu soin de faire, tout
le long du volume, parade d'érudition, et les esprits
simples auraient pu croire, étant donnée la situation
éminente de l'auteur, à une œuvre réellement scientifique. Elle l'était pourtant si peu, que Sainte-Beuve,
l'un des amis de Renan, a laissé échapper, dans son
appréciation de *la Vie de Jésus*, cet aveu à la fois caractéristique et inattendu, que « le procédé de cet ouvrage
est de tout baser sur des suppositions et de présenter
les choses comme l'auteur s'imagine qu'elles ont dû
se passer ». Il est vrai de dire qu'en s'exprimant ainsi
Sainte-Beuve plaidait les circonstances atténuantes
pour son ami, au moment de l'explosion de l'indigna-
tion publique contre ce livre infâme, et qu'il mettait
ses criminelles aberrations sur le compte d'un « tempérament poétique et ingénu ».

La publication de *la Vie de Jésus* valut à Renan sa
destitution définitive de la chaire qu'il occupait au
Collège de France et dont les cours n'avaient été que
suspendus à la suite de sa première incartade. Un des

premiers actes du gouvernement insurrectionnel du 4 septembre fut de rendre cette chaire à l'apostat.

En 1872, Renan se rendit à Rome pour féliciter les Italiens « d'avoir débarrassé le monde du pouvoir temporel des papes ». Il se prodigua dans les cercles anti-cléricaux et vomit plus que jamais son fiel contre l'Église.

En 1878, l'Académie Française commit l'impardonnable faute d'admettre dans son sein ce personnage. Quelque temps après, le ministre de l'instruction publique, M. Bardoux, membre du centre gauche, ayant proposé Renan pour la croix d'officier de la Légion d'honneur, le maréchal de Mac-Mahon refusa énergiquement de signer le décret ; ce grade fut conféré à l'ennemi du Christ par l'ignoble Grévy.

A deux reprises, Renan avait tenté d'entrer dans la vie politique : il s'était porté candidat lors des élections législatives de 1869 en Seine-et-Marne et lors des élections sénatoriales de 1876 dans les Bouches-du-Rhône ; ces deux tentatives échouèrent piteusement.

En 1883, il a été nommé administrateur du Collège de France.

Depuis *la Vie de Jésus*, et après quelques nouveaux blasphèmes contre *les Apôtres* et en particulier contre *Saint Paul*, l'immonde écrivain s'est lancé dans la pornographie à outrance. Son dernier ouvrage, *l'Abbesse de Jouarre*, est tellement dégoûtant, qu'on ne peut même pas en faire l'analyse ; et les bibliographes catholiques ont pu dire que l'esprit de ce livre est celui d'un bouc en rut.

Un dernier trait qui achèvera de faire connaître l'homme : il y a peu de temps, Renan s'est fait portraicturer en costume violet-d'évêque, accroupi, les jambes écartées, tenant un diable perché sur son bras, le tout sur un fond représentant un vitrail d'église. Il montre, avec beaucoup de plaisir, ce portrait à ses intimes.

TABLE DES MATIÈRES

DESSINS DE BARENTIN

Jules Ferry. — Tirard. — Floquet. — J. Grévy. — Clémenceau. — Sadi Carnot. — Spuller. — Jules Roche. — Wilson. — Tolain. — De Freycinet. — Brisson. — Lockroy. — Cochery. — De Hérédia. — Naquet. — Léon Say. — Madier-Montjau. — Vergoin. — Andrieux. — Renan.

DESSINS DE J. BLASS

Constans. — Méline. — Rouvier. — Le Royer. — Jules Simon.—Camille Pelletan. — Yves Guyot. —Barodet. —Goblet.

OUVRAGES DE LÉO TAXIL

Les Frères Trois-Points. — Organisation, grades et secrets des Francs-Maçons, 40ᵉ édition; deux beaux volumes in-12 de 430 et 460 pages (chaque volume peut être acheté séparément). — Prix du volume : 3 fr. 50.

Le Culte du Grand Architecte. — Solennités des temples maçonniques, Carbonari, Juges Philosophes, documents maçonniques, vocabulaire explicatif de l'argot de la secte; 25ᵉ édition; un beau volume in-12 de 416 pages. — Prix : 3 fr. 50.

Les Sœurs Maçonnes. — Révélations complètes sur la Franc-Maçonnerie des Dames; 28ᵉ édition; cet ouvrage ne peut pas être mis entre les mains des jeunes gens; un beau volume in-12 de 400 pages. — Prix : 3 fr. 50.

Les Mystères de la Franc-Maçonnerie, — Grande édition illustrée, contenant les révélations les plus complètes sur la secte anti-chrétienne. Cet ouvrage d'une importance capitale a valu à son auteur les encouragements et la bénédiction particulière du Saint-Père, ainsi que l'approbation de nombreux cardinaux, archevêques et évêques; il a été traduit en italien, en espagnol, en anglais, en allemand, en hollandais et en hongrois; son tirage a dépassé jusqu'à présent le chiffre de 50,000 exemplaires. Magnifique volume grand in-octavo jésus de 800 pages orné de cent-un superbes dessins explicatifs gravés sur bois. — Prix : 10 fr.

Le Vatican et les Francs-Maçons. — Ouvrage contenant tous les actes apostoliques du Saint-Siège contre la Franc-Maçonnerie (depuis Clément XII jusqu'à Léon XIII), accompagnés d'un résumé historique; jolie plaquette in-12 de 128 pages. — Prix 1 fr.

La Franc-Maçonnerie dévoilée et expliquée. — Manuel résumé des révélations de Léo Taxil; édition pour la propagande populaire; texte compact; joli volume in-12 raisin de 320 pages. — Prix : 2 fr.

Les Admirateurs de la Lune, à *l'Orient de Marseille*, histoire amusante d'une Loge de Francs-Maçons; roman comique par LÉO TAXIL et TONY GALLI; cet ouvrage peut être mis entre toutes les mains; un beau volume in-12 de 384 pages, avec 16 gravures sur bois. — Prix : 3 fr. 50.

La France Maçonnique. — Liste alphabétique des Francs-Maçons français; noms, prénoms professions et domiciles; seize mille noms dévoilés par LÉO TAXIL; organisation actuelle des Loges et Arrière-Loges ; un beau volume in-12 de 448 pages. — Prix : 3 fr. 50.

Supplément à la France Maçonnique. — Seconde liste des Francs-Maçons français; noms, prénoms, professions et domiciles; neuf mille noms dévoilés par LÉO TAXIL; un volume in-12 de 224 pages. — Prix : 2 fr.

Confessions d'un Ex-Libre-Penseur. — Mémoires de LÉO TAXIL; histoire de ses erreurs et de sa conversion ; 45° édition; cet ouvrage a été traduit en italien, en espagnol, en allemand et en hongrois; un beau volume in-12 de 418 pages. — Prix : 3 fr. 50.

Les Sœurs de Charité. — Histoire populaire des Sœurs de Saint-Vincent de Paul; par LÉO TAXIL et PIERRE MARCEL; chronologie anecdotique; biographies des principales Sœurs; les splendeurs de la charité, les splendeurs du sacrifice, les splendeurs du martyre; un beau volume in-12 de 396 pages. — Prix : 3 fr. 50.

ÉVREUX, IMPRIMERIE DE CHARLES HÉRISSEY